Redacción Publicitaria

Jorge Comesaña Álvarez

Copyright © 2018 Jorge Comesaña Álvarez

IT Campus Academy

ISBN-13: 978-1720434993

PROLOGO	6
EL PODER DEL REDACTOR	9
CÓMO SER UN MEJOR ESCRITOR PUBLICITARIO	11
¿ES EL MEJOR REDACTOR DE TEXTOS QUE PUEDE SER?	15
5 PASOS PARA UN ARTÍCULO DE PRIMERA CLASE	18
¿SABE CÓMO ESCRIBIR UN BUEN TEXTO DE MARKETING?	21
CONCEPTOS BÁSICOS DE REDACCIÓN	21
LOS FUNDAMENTOS DE LA BUENA ESCRITURA	25
SEA UN BUEN REDACTOR Y CREE UN TEXTO EFECTIVO	32
10 CONSEJOS DE REDACTOR QUE FUNCIONAN	35
LOS GRANDES REDACTORES ESCRIBEN EXCELENTES TITULARES	38
FUNDAMENTOS DE TITULARES	39
CÓMO CONVERTIRSE EN UN ESCRITOR MÁS PRODUCTIVO	42
¿CUÁNTO DEBO COBRAR POR EL TRABAJO DE REDACTOR?	44
SECRETOS DEL REDACTOR DE TEXTOS QUE DEBE CONOCER	47
CÓMO REALIZAR UNA REDACCIÓN RÁPIDA	49
CÓMO ESCRIBIR UN TEXTO PUBLICITARIO QUE FUNCIONE	52

- CONSEJOS PARA ESCRIBIR UN ANUNCIO WEB EFECTIVO _____ 54
- LA IMPORTANCIA DE UNA CORRECTA EDICIÓN __ 57
- CÓMO LA CAPACITACIÓN PUEDE AYUDARLO A CONVERTIRSE EN UN MEJOR REDACTOR _____ 60
- CONSEJOS PARA SER UN MEJOR REDACTOR ____ 62
- CÓMO CONVERTIRSE EN UN REDACTOR PROFESIONAL _____ 65
- CONSEJOS DE ESCRITURA QUE LO HARÁN UN MEJOR REDACTOR _____ 68
- 12 MANERAS DE CONVERTIRSE EN UN MEJOR ESCRITOR _____ 71
- PUNTO DE VENTA EMOCIONAL _____ 74
- LLAMADA A LA ACCIÓN _____ 76
    - ALENTAR LA ACCIÓN _____ 77
- ATRAPANDO Y CONQUISTANDO LA ATENCIÓN __ 81
- LLEGAR AL PUNTO RÁPIDAMENTE PARA B2B ___ 90
- LA PROPUESTA DE VALOR _____ 94
- MANEJO DE OBJECIONES _____ 97
- ERRORES DE REDACCIÓN A EVITAR _____ 99
    - CÓMO EVITAR TIPOS Y ERRORES PARA SIEMPRE __ 100
- CORREGIR EL TEXTO PARA LA OPTIMIZACIÓN EN LOS MOTORES DE BÚSQUEDA (SEO) _____ 105
- LOS BUENOS ESCRITORES NO INFRINGEN LOS DERECHOS DE AUTOR _____ 113

CONCLUSIÓN _____ *116*

PROLOGO

¿Ha oído hablar del término: "Redacción publicitaria"? En la Wikipedia puede encontrarlo definido como:

"Redacción publicitaria es el uso de palabras e ideas para promover a una persona, negocio, opinión o idea. Aunque la palabra redacción se puede aplicar a cualquier contenido destinado a la impresión (como en el cuerpo de un artículo o texto de periódico), el término redactor está generalmente limitado a situaciones de promoción, independientemente del medio (como en los anuncios de prensa, televisión, radio) u otro medio). El objetivo del artículo publicitario o el texto promocional es persuadir al lector, al oyente o al espectador para que actúe, por ejemplo, para comprar un producto o suscribirse a un punto de vista específico ".

En el mundo del marketing en línea, la redacción publicitaria se utiliza ampliamente para incrementar el número de lectores de blogs, obtener inscripciones para la creación de listas y monetizar a sus clientes potenciales.

Si realmente desea tener éxito en su negocio en línea, tendrá que aprender las pautas de redacción efectiva para que sus lectores lo adoren y regresen a su página de ventas, web o blog. Afortunadamente, las buenas prácticas de redacción de textos son una habilidad que se puede aprender con un poco de paciencia y algo de trabajo.

La redacción publicitaria es una técnica exclusiva que le permite promocionar cosas tales como productos, eventos especiales, individuos o empresas. La redacción publicitaria se considera uno de los elementos más importantes de cualquier estrategia de marketing.

Debe considerarse como la herramienta para ayudar a su empresa a promocionarse. Sus clientes o los clientes que regresan están familiarizados con la calidad de los productos y servicios que ofrece y la consistencia de su negocio. Sin embargo, la mayoría de las personas encuentran o "descubren" su sitio por los términos de búsqueda o palabras clave que introducen en los motores de búsqueda.

¿Cómo se realiza la redacción?

Independientemente de la compañía que tenga o en la que trabaje, de las variedades de los productos y servicios que brinde, debe estar sujeto a varias reglas importantes. A pesar de que la redacción de textos publicitarios ha cambiado durante la última década debido al amplio uso de Internet, algunas reglas fundamentales aún se aplican y deben tenerse en mente a la hora de introducirse en este segmento.

Tan simple como podría parecer la redacción publicitaria debe comprender varios elementos vitales. En primer lugar, debe tener un título intrigante y atractivo que atraiga a su visitante a explorar más a lo largo de la página. Debe contener subtítulos donde las características principales del encabezado se amplíen. La parte más importante de la redacción es definitivamente el cuerpo que debe contar con los puntos principales de su texto. Este debe ser fácil de leer, lógicamente estructurado y coherente.

El contenido ideal de redacción debe resaltar los beneficios del producto, su singularidad y los motivos claros por los que sus visitantes deben comprar ese y no otro ofrecido por la competencia. Uno debe recordar que hay muchas otras personas, empresas y sitios web, que pueden vender productos y servicios idénticos o muy similares a los ofertados por usted.

Para tener éxito, debe destacar entre la multitud. Esta técnica deber aplicarse tanto en la redacción de textos publicitarios fuera de línea como en línea y si la técnica se lleva a cabo profesionalmente, esto genera un aumento del tráfico en el sitio web. Al escribir un texto de ventas recuerde que uno de los elementos más importantes del contenido es la *persuasión*.

Se debe convencer a los visitantes de que efectúen más acciones para realizar una compra en lugar de a su competidor. Si los principios de persuasión, acción, deseo y motivación se aplican en su redacción, puede estar seguro de que obtendrá resultados positivos.

EL PODER DEL REDACTOR

Ser un gran redactor es casi como tener un súper poder secreto. Como redactor publicitario, se le asignará la tarea de llenar páginas con contenido diseñado para describir productos y servicios, y convencer al lector de que compre o, al menos, de que se registre para obtener más información.

Si se convierte en un gran profesional, entonces tendrá la capacidad de influir en los corazones y las mentes de sus visitantes y lograr que piensen exactamente lo que quiere que piensen.

El diseño web es lo que atrae a las personas a su página y el marketing es lo que les ayuda a encontrarlo en primer lugar... pero es la redacción lo que los convencerá de actuar una vez que lleguen allí. Es la pieza final y más importante del rompecabezas.

Piense en un gran redactor como en un vendedor mezclado con algún tipo de hipnotizador. Tendrá la capacidad de influir en las opiniones y activar casi cualquier acción que requiera para su negocio. ¡Incluso si eso significa vender nieve a un Inuit! (Recuerde, sin embargo, que: ¡un gran poder, conlleva una gran responsabilidad!)

Si actualmente tiene dificultades para obtener el tipo de ventas que desea o si sus visitantes abandonan sus páginas casi tan pronto como llegan; su redacción puede ser lo que les decepciona.

Un error de gramática u ortografía puede ser suficiente para socavar por completo cualquier confianza que sus visitantes puedan haber tenido en su negocio, mientras que la redacción insípida o aburrida solo los motivará a irse sin tomar ninguna medida.

Incluso si su redacción es aceptable y obtiene respetables porcentajes de conversión en torno al 2%... cambiar esto por un texto escrito por expertos puede ser suficiente para aumentar sus conversiones al 10, al 20 o al 30%... y para crear seguidores y suscriptores por mucho tiempo durante el proceso.

Este libro le mostrará cómo hacer exactamente eso. Aprenderá los conceptos básicos de una buena redacción, pero también aprenderá los métodos específicos que necesita emplear si va a convertirse en un redactor de textos superior a la media. Aprenderá a transmitir información importante de manera rápida y efectiva, aprenderá cómo asegurarse de que las personas sigan leyendo y no abandonen su página, y aprenderá cómo hacer que alguien quiera un producto o servicio y que tenga el deseo de actuar en ese deseo de inmediato.

¡Así que, sin más preámbulos, empecemos!

CÓMO SER UN MEJOR ESCRITOR PUBLICITARIO

La capacidad de convertir palabras en oro es probablemente el aspecto más importante de cualquier vendedor. Si puede hacer esto, no importa dónde se encuentre en el mundo: puede ganar dinero desde cualquier lugar, en cualquier momento, tan solo con sus palabras.

Todo el asunto de la redacción empezó más tarde. En el pasado, los mejores "redactores" eran los grandes empresarios de los viejos tiempos que sabían cómo venderle algo a cualquiera. Si bien las personas poseían armas poderosas, su arma más poderosa era su pluma (o su lenguaje).

En la actualidad, los empresarios modernos están haciendo lo mismo usando técnicas de redacción en sus negocios. Tenga en cuenta que vender cosas en línea es mucho más difícil que vender cosas fuera de línea porque le falta la sinceridad de la voz, el lenguaje corporal y en algunos casos el contacto con el producto que se está vendiendo.

Sin embargo, si usted sabe cómo aprovechar el poder de la redacción publicitaria para estimular las emociones de sus clientes puede ganar mucho dinero en este segmento.

Si quiere convertirse en un mejor escritor hay unas cuantas buenas nuevas para usted: cuanto más escribe, mejor lo hace, así que continuar escribiendo es una de las mejores ideas que puede tener. Por supuesto, siempre hay cosas que puede hacer para mejorar su forma de escribir. Echemos un vistazo a algunas formas de hacerlo.

1. Conviértase en un bloguero: bloguear es una forma fácil de mejorar en lo que hace y obtener más experiencia, al tiempo que trabaja en un entorno de escritura relativamente relajado. Además, los blogs también son una excelente manera de ganarse la vida si es lo suficiente bueno o logra serlo con el paso del tiempo.

2. Limite sus palabras: los escritores tienden a divagar. La mejor manera de mantener su escritura clara y concisa es simplemente limitar la cantidad de palabras que tendrá su contenido. Al hacerlo de este modo, se obliga a pensar en lo que está escribiendo y a transmitir lo máximo con el menor número de palabras.

3. Esquema: cuando esté escribiendo un libro electrónico, un libro tradicional, un informe o un trabajo académico, crear un esquema es un buen punto de partida. Al crear un esquema, puede crear la estructura para su escritura, descubrir los puntos que deben incluir o los que deben ser eliminados, por ejemplo.

4. Viva apasionadamente: si es un apasionado de la vida, también será apasionado cuando escriba. Vive una vez: asimílelo, envuélvase en la vida y "viva". Como escritor, esta actitud se verá reflejada en sus textos que serán mucho más vibrantes.

5. Write-Stop-Edit: debe redactar y luego tomarse un descanso antes de comenzar la edición para que la vea con ojos nuevos. Si escribe y edita de inmediato, su cerebro es inteligente y verá a menudo lo que no está allí porque sabe que debería estar allí.

6. Nueva palabra diaria: todos los días aprenda una nueva palabra. ¿Por qué? Porque amplía su vocabulario y le permite seguir aprendiendo y plasmar sus pensamientos de una forma más precisa. Confíe en esto, se reflejará en su escritura.

7. Escriba y escriba un poco más: esto es particularmente útil cuando escribe contenido más extenso. Escriba, deténgase, regrese y amplíe el contenido que ha escrito para asegurarse de que todos los puntos necesarios estén cubiertos. Un pequeño descanso le da a su

cerebro un tiempo de espera y cuando regrese habrá pensado en contenido adicional que debería agregarse.

8. Escriba sin distracciones: nada hará que su escritura sea tan pobre como lo harán las distracciones. Necesita tener un lugar tranquilo donde pueda dejar que sus pensamientos fluyan y den resultados de buena calidad para escribir lo que desea.

Ahí lo tiene: ocho excelentes consejos sobre cómo convertirse en un mejor escritor. ¿Por qué no intentarlo hoy?

¿ES EL MEJOR REDACTOR DE TEXTOS QUE PUEDE SER?

¿Es el mejor redactor que puede ser? Hay muchos tipos diferentes de escritores que hacen que el mundo funcione, pero los redactores son uno de los profesionales de escritura mejor pagados que hay. Para sobresalir como redactor en el segmento del marketing, debe poder escribir un texto que sea interesante, atractivo y de gran demanda. Por supuesto, la mejor manera de convertirse en un buen escritor es escribir más, pero hay muchas cosas que puede hacer para mejorar su escritura.

Hay una amplia variedad de cursos disponibles para ayudarlo a convertirse en un redactor experto, tanto presenciales como a través de plataformas de educación en línea que puede tomar. Sin embargo, si prefiere algo de ayuda de forma inmediata, ha venido al lugar correcto. Echemos un vistazo a diez formas de obtener un texto efectivo.

1. Escriba buenos titulares: este es el componente más importante de su texto, porque si tiene un titular deficiente nadie va a querer leer más. Su título es su gancho de lector. No lo olvide. Más adelante volveremos a hablar de la importancia de un buen titular.

2. Tenga en mente la optimización del motor de búsqueda: puede escribir el mejor artículo del mundo, pero si no tiene una buena clasificación

en los motores de búsqueda, nadie lo verá nunca. Por eso es tan importante optimizar su contenido. De esa forma los internautas encontrarán su material.

3. Tener sentido: si quiere leer lo que ha leído, el título debe tener sentido. A partir de ahí su escritura tiene sentido. Los lectores leerán el primer párrafo y, si no está claro, harán clic en el botón volver más rápido que en lo que lo puede decir.

4. KISS: la buena fórmula de KISS (Keep it Simple Stupid) ha existido por mucho tiempo. Esto es porque funciona. Mantenga su escritura fácil de leer y fácil de entender. Use el formulario de puntos, escriba en un nivel correcto pero coloquial, a menos que trabaje en documentos académicos o trabajos de investigación. Mantenga las oraciones cortas y fluidas, y use las palabras con las que la gente esté familiarizada. El objetivo no es lucir su extenso vocabulario sino usar uno que comprenda el usuario al que está dirigido el texto.

5. Resalte la verdad: los escritores tienden a destacar los beneficios, pero uno de los mayores problemas que se ven con los escritos publicitarios es que resaltan algunos beneficios que pueden ser puestos en duda. En lugar de inventar un beneficio falso o uno que pueda ser cuestionado, no enumere un beneficio en absoluto. A pesar de todo, la mayoría de los escritos pueden incluir un beneficio positivo si lo

ve bien, así que investigue o infórmese un poco en lugar de inventarlo sobre la marcha.

Los redactores de textos publicitarios pueden tener una vida cómoda y agradable, pero solo si son buenos. Es un sector altamente competitivo y gracias a internet es fácil para los clientes potenciales comparar precios y encontrar la persona adecuada al precio correcto. Estos cinco consejos lo ayudarán a convertirse en un mejor redactor en menos tiempo del que tal vez imagine.

5 PASOS PARA UN ARTÍCULO DE PRIMERA CLASE

Hay todo tipo de artículos en la red, pero un buen artículo web suele tener entre 500 y 800 palabras y debe compartir algo: brindar consejos útiles, suministrar información o responder alguna pregunta.

Hay 5 pasos que le asegurarán crear un artículo de primera categoría. Vamos a enumerarlos a continuación.

Paso 1. Cree un título poderoso

Lo primero que debe crear es un título que destaque y atraiga a los posibles lectores. Use juegos de palabras inteligentes, frases pegadizas y asegúrese de que su motor de búsqueda lo optimice en relación con el contenido del artículo. Por ejemplo, digamos que está escribiendo sobre diamantes. ¿Cuál de estos títulos es más probable que atraiga al lector? "Los diamantes son el mejor amigo de una mujer: asegúrese de comprarlos en consecuencia" o "Cómo comprar un anillo de compromiso de diamantes".

Paso 2. Cree su introducción

La introducción del artículo debe contar solo con unas cuantas frases. No debe ser demasiado prolijo, sino que debe definir claramente de qué va a tratar el artículo. Por ejemplo, "Comprar diamantes puede ser confuso, incluso desalentador. Después de todo, ¿cómo puede saber si está comprando un diamante de calidad?"

Paso 3. Cubra los puntos clave

Redacte cuatro o cinco puntos clave que va a cubrir en el artículo. Estos puntos deberían estar claramente definidos con un nuevo párrafo. Se pueden introducir con una oración o como un subtítulo. Por ejemplo, "Veamos las cinco características del diamante: Claridad, Color, Quilates, Corte y Certificación."

Paso 4. Desarrolle la historia

Ahora necesita escribir para cubrir cada uno de sus puntos clave. Aquí es donde desarrollará todos los detalles. Puede incluir imágenes si lo desea, usar listas con viñetas, párrafos, etc. Asegúrese de cubrir su punto de manera clara y concisa para que el lector pueda entender fácilmente sus explicaciones y contenido. Por ejemplo, ahora definirá las características del diamante en detalle. Qué claridad tiene, cómo saber cuál es la calidad del diamante, cómo leer la evaluación, etc. Aquí es donde proporcionará toda la información para que su lector sepa cómo comprar ese diamante.

Paso 5. Llamada a la acción

Finalmente, debe concluir su artículo, seguido de una llamada a la acción. La llamada a la acción es lo que quiere que haga su lector una vez que termine de leer el artículo. Por ejemplo, una llamada a la acción podría ser "Haga clic aquí para obtener más información" o "¿Está listo para adquirir ese anillo de diamantes?"

Ahí lo tiene: cada artículo debe estar compuesto por estos cinco pasos para que sea un buen texto que le ayude a alcanzar sus objetivos.

¿SABE CÓMO ESCRIBIR UN BUEN TEXTO DE MARKETING?

CONCEPTOS BÁSICOS DE REDACCIÓN

La redacción publicitaria se utiliza en muchos lugares y a través del amplio número de negocios en línea. Aquí hay algunos ejemplos de lugares comunes donde son usados. Los básicos son:

-Contenido del sitio web

-Blog posts

-Páginas de envío

-Email Marketing

-Páginas de ventas

Recuerde, el objetivo final de la redacción de textos publicitarios es hacer que sus lectores realicen su resultado más deseado. Por ejemplo, hacer una compra o registrarse en su lista de correo.

Por lo tanto, es muy importante que determine cuál es su resultado deseado antes de embarcarse en su cruzada publicitaria. La claridad es poder, por lo que es importante saber qué es lo que busca para que, cuando escriba, las cosas marchen en la dirección que desee.

Partiendo de esta idea, veamos algunos conceptos básicos. Teniendo en cuenta que queremos que nuestros lectores lleven a cabo nuestro resultado más deseado tampoco podemos ser demasiado enérgicos. Aquí está la regla número uno:

Manténgalo informal

Desea que lo vean como una persona amigable y también como una figura de autoridad en su campo, pero no como un vendedor descarado. Lo último hará que a las personas les disguste su escrito y que lo puedan tratar como correo no deseado echando a perder cualquier posibilidad de lograr su objetivo.

Lo siguiente que debe saber es que algunas reglas son bastante ilógicas. Pero una cosa que tiene sentido es esta: las buenas prácticas han sido probadas y probadas (probadas por los principales vendedores online) durante años, por lo que, en lugar de tratar de reinventar la rueda. ¡Siga lo que funciona y coseche sus propias recompensas!

Esto no quiere decir que no intente mejorar o añadir novedades por su parte. Le recomendamos encarecidamente que también realice pruebas para ver qué es lo que mejor se adapta a su negocio. Elimine las cosas que no funcionan y duplique o multiplique las cosas que sí lo hacen: ¡esa es la forma segura de éxito!

Existen todo tipo de textos o artículos y muchos tienen su propio conjunto de criterios. Esto es especialmente cierto con los textos de marketing. Si desea escribir un buen texto de marketing, asegúrese de incluir los componentes más importantes de los cuales hablaremos en breve.

El *texto de marketing* es muy diferente porque intenta convertir a los lectores en seguidores o animar a los clientes a que compren un determinado producto o servicio, suscribirse a un boletín informativo o registrarse para recibir "algo" gratuito, etc. Se trata de conseguir _conversión_. Para tener tasas de conversión exitosas, el texto de marketing debe:

1. Tener una estrategia de palabras clave refinada. Debe tener una palabra clave principal y dos o tres palabras clave secundarias que se utilizarán en su texto de venta. El objetivo es lograr un 2% de densidad con su palabra clave principal.

2. Incluya un formulario de registro donde los visitantes puedan suscribirse a su boletín mensual, para recibir información de nuevos productos, etc. Esto es muy importante porque en el momento en que se inscriben, tiene acceso para enviarles información del producto y comercializarlo. Ha convertido efectivamente a su visitante.

3. Las redes son importantes para construir y aumentar el tráfico a su sitio web. Puede construir redes dentro de su texto de venta compartiendo enlaces en sitios como las redes sociales

LinkedIn, Facebook, Squidoo, etc. Es importante que guíe a las personas a su sitio, a su texto de marketing, página de ventas, etc.

4. La comercialización del artículo es una herramienta de marketing muy poderosa. Usted escribe los artículos, los envía a portales de artículos o crea un blog donde los publica, y luego proporciona un enlace a su sitio web. Este enlace unidireccional es muy poderoso en los motores de búsqueda, lo que ayuda a su clasificación, y también aumenta el tráfico porque encontraron su artículo interesante y, por lo tanto, hicieron clic en el enlace a su sitio.

5. Colocar su texto de marketing en su blog es una gran manera de generar tráfico. Las publicaciones de blog se indexan muy rápido e incluso puede hacerles ping, lo que permite a las personas que siguen su blog saber que ha publicado contenido nuevo y acceder a él. Asegúrese de aprovechar lo que un blog puede hacer por usted.

Le hemos dado algunos buenos consejos para crear un buen texto de marketing, pero no se equivoque: la comercialización del sitio web requiere mucho trabajo para que tenga éxito y para convertir un sitio web en una especie de cajero automático. Así que quédese con ellos, asegúrese de que su texto de venta sea de primera clase y trabaje para ver los resultados.

LOS FUNDAMENTOS DE LA BUENA ESCRITURA

Antes de entrar en el lado específico de tratar de venderle a su audiencia o hacer que deseen su producto, tiene sentido comenzar por analizar la escritura de manera más general y lo que se requiere para que su contenido se considere 'bien escrito'.

Escribir es un arte y, como siempre, el arte es muy difícil de definir y de juzgar. La belleza está en el ojo del espectador y todo eso que normalmente se suele decir, pero tal vez la mejor manera de juzgar un escrito es mirarlo en el contexto de lo que está tratando de lograr. ¿Cuál es el objetivo de la escritura y qué tan bien completa esa meta? Porque en última instancia, nada más importa.

Si su objetivo es hilar una buena historia y entretener a una audiencia, entonces escribir bien es escribir algo que lo que logre. Si su objetivo es transmitir una información específica, los lectores deberían terminar su artículo sabiendo lo que quería que supieran.

Entonces, lo primero que debe preguntar al mirar su texto para tratar de juzgar su calidad es: ¿Logra el objetivo deseado?

La buena escritura tiene un objetivo específico y se propone lograr esa meta.

La siguiente pregunta que debe hacer al respecto es qué tan eficientemente hace esto. Si su objetivo es enseñarle a alguien lo que significa la palabra "batería", entonces podría publicar un diccionario en su blog y eso efectivamente lograría el objetivo. Pero no sería muy eficiente.

Piense en sus palabras como finitas o en que cada palabra tiene un 'coste'. Su objetivo es aumentar su ROI (Return on Investment) y conservar esos preciosos recursos. Entonces, si puede decir lo mismo con menos palabras, a menudo puede mejorar su escritura cortando el exceso.

Fíjese en la siguiente oración: *"El mejor tipo de escritura es la redacción concisa y sucinta"*.

Podríamos mejorarlo mucho diciendo: *"La mejor redacción es concisa y sucinta"*.

Esto transmite exactamente la misma información, pero lo hace de una manera mucho más eficiente y breve. Esto a su vez significa que es más rápido para el lector absorber esa información y significa que están obteniendo más recompensa con menos esfuerzo. ¡También le permite llegar al punto antes de que el lector abandone la página!

La siguiente forma de evaluar una pieza de escritura o texto es preguntar: ¿Logra el objetivo de manera eficiente?

No se ande por las ramas con oraciones largas e infladas y no trate de parecer inteligente al incluir muchas palabras largas por el simple hecho de hacerlo. Una buena redacción no significa presumir, significa llegar al punto de una manera que sea generosa y considerada con el lector.

Estilo

Pero antes de que se deje llevar demasiado y comience a borrar cualquier palabra en su página o artículo, tenga en cuenta que a veces esas palabras sobrantes no son tan extrañas como podría pensar. Porque la gran escritura dice más de lo que parece en la superficie. Usar un vocabulario más amplio le permite evitar la repetición y crear frases que rueden placenteramente en la lengua, pero al mismo tiempo, le permite decir con precisión lo que quiere decir y transmitir simultáneamente la emoción y el énfasis que requiere.

Dijimos antes:
"La mejor redacción es concisa y sucinta".

Lo cual ya tiene un significado ligeramente diferente de lo que hubiera hecho si hubiéramos dicho:
"La mejor redacción es concisa".

Esto ahora parece implicar que debe abreviar su contenido hasta que sea lo más corto posible.

También podemos sutilmente cambiar el significado de la oración de otras maneras:

"Una hermosa escritura es concisa y sucinta".
"La escritura eficiente es sucinta y concisa".
"Para que su escritura sea efectiva, asegúrese de que no pase demasiado tiempo hasta llegar al grano".

Esto será especialmente importante cuando comencemos a tratar de vender cosas. Y para demostrar cuán importante es, considere un famoso estudio de psicología. En el estudio, los psicólogos evaluaron a los jurados mientras discutían un caso judicial relacionado con un accidente de tráfico.

Un 50% de las veces los psicólogos preguntaron:

"¿Qué tan rápido cree que iba el automóvil cuando chocó contra el otro automóvil?"

El otro 50% preguntaron:

"¿Qué tan rápido cree que iba el automóvil cuando se estrelló contra el otro auto?"

Dependiendo de cómo se formuló la pregunta, los participantes respondieron de manera diferente. Aquellos a quienes se les dijo que el auto 'chocó' pensaron que el automóvil se movía mucho más despacio que aquellos a quienes se les dijo que el automóvil 'se estrelló. Esto fue a pesar de que ambos grupos vieron exactamente el mismo video y recibieron la misma información.

Por lo tanto, un cambio sutil en su lenguaje puede ser suficiente para cambiar no solo la opinión de alguien... ¡sino incluso para cambiar sus recuerdos!

Es por eso que es tan importante elegir cuidadosamente las palabras que transmitan la emoción y el tono correctos.

Al evaluar su contenido, ahora pregunte:

¿El uso preciso del vocabulario es congruente con el significado y el objetivo?

La elección precisa del lenguaje también es importante porque también puede comunicar otras cosas de forma inconsciente. En particular, su elección de palabras le dice al lector algo sobre usted.

Cada vez que habla, revela cosas sobre usted y un lector exigente se dará cuenta de esto. Si su tono es amigable, locuaz e informal; se dará cuenta de que es todas esas cosas y pueden suponer que es más joven o solo una persona más alegre.

Por el contrario, si escribe de una manera muy densa, llena de términos técnicos y jerga y no tiene mucho sentido del humor, entonces podría parecer más profesional y serio.

Esto es lo que define el tono y el estilo de su escritura y es por eso que es tan importante.

Una vez más, debe asegurarse de que su elección de estilo esté en consonancia con los objetivos más amplios de su escritura. Si tiene una marca personal y está tratando de crear una audiencia basada en la confianza, entonces será apropiado un estilo más amigable y hablador.

Por otro lado, si es una organización B2B e intenta vender algo muy costoso y técnico; luego, su estilo de escritura debería parecer profesional y más desapegado para transmitir su capacidad de ser profesional. Usar más jerga en este punto también es aceptable, ya que puede suponer que el lector tiene una comprensión básica del tema y esto le permite mostrar su conocimiento y experiencia.

Así que pregúntese ahora: ¿El estilo y el tono coinciden con la naturaleza del tema?

En función de la respuesta que haya obtenido tómese de nuevo un tiempo y revise su texto.

Flujo y legibilidad

Finalmente, piense también en la forma en que fluye su escritura y en qué tan legible es. Esto a menudo se reduce a su gramática y la forma en que estructura sus oraciones.

Si sigue los consejos recogidos en este libro hasta ahora, entonces debería encontrar que su escritura fluye naturalmente mejor de lo que hubiera hecho anteriormente. Ser más eficiente con su contenido, por ejemplo, lo ayudará a leer más fácilmente para empezar. Del mismo modo, usar un tono y un estilo de conversación más acordes con la web también ayudará.

Pero todo esto es difícil de cuantificar. En una entrevista en una revista, pidieron que se completaran algunos ejercicios básicos para que pudieran ver si teníamos 'la voz'. Para eso, preguntaban si los escritos eran naturalmente atractivos, interesantes y fáciles de leer.

Quizás la mejor manera para que intente lograr esto es simplemente imaginando que está hablando con su futuro lector. Intente escribir de la misma manera que hablaría, de modo que sus elecciones de palabras sean las mismas y la estructura de sus oraciones sea la misma.

Para asegurarse de que su tono y estilo sean correctos, imagine que la persona que está escuchando su discurso es su público objetivo de su contenido.

De esta forma, si está lanzando un servicio B2B, imagine que está hablando por teléfono con un posible cliente. Si está escribiendo contenido de blog sobre un ejercicio, imagine que está hablando con su amigo que le ha estado preguntando cómo ponerse en forma. De esta forma, descubrirá que su escritura adopta de forma natural el tono, el estilo y la estructura adecuados para cumplir sus objetivos.

SEA UN BUEN REDACTOR Y CREE UN TEXTO EFECTIVO

Hay muchos redactores en el mercado, pero no todos son buenos y muchos no escriben textos efectivos. Ser un buen redactor es una habilidad muy definida. Veamos si podemos mejorar sus habilidades.

Practicar es la clave para casi todo y ciertamente es clave para escribir un buen texto, porque cuanto más escriba, mejor lo hará. Seguro le sonará, pero no nos cansaremos de repetirlo.

Escribir un texto que sea persuasivo y fácil de leer es una mezcla de arte y ciencia. La verdad es que, si realmente quiere dominar la habilidad de escribir textos efectivos, va a tener que trabajar duro. Incluso aun siendo un redactor experimentado mantenerse al día, seguir formándose y estudiando es necesario para seguir en lo más alto en su oficio.

Lo bueno es que gracias a Internet puede encontrar casi todo lo que quiera saber sobre redacción de textos en línea. De esta forma, si dedica un tiempo a buscar, podrá encontrar todo tipo de buenos consejos e ideas sobre cómo mejorar su escritura, junto con los recogidos en este libro.

Hay un puñado de personas que son reconocidas en la industria como "lo mejor de lo mejor". El punto aquí es este: si quiere ser el mejor, debe emular lo mejor, porque saben lo que funciona, lo que no funciona y cómo crear un gran texto.

Por lo tanto, descubra quiénes son los mejores escritores y luego comience a estudiar su material. Descubrir como escriben, su estilo y también la información que muchos de ellos brindan y que puede ser excelente para ayudarlo a mejorar como redactor. Aprovéchelo.

Algo importante es escoger el momento ideal para escribir. No lo dude, el mejor momento para escribir es cuando se sienta inspirado. Puede tener sus momentos más creativos durante las primeras horas de la mañana, a altas horas de la noche o en cualquier otro momento. Necesita averiguar cuándo ocurre y luego usarlo en su beneficio para que pueda crear los mejores textos que pueda.

Finalmente, debe asegurarse de que lo que está escribiendo sea efectivo, atractivo y atrayente para el internauta. Ya sea que simplemente esté proporcionando información o esté vendiendo algo, el objetivo siempre es convertir su tráfico en clientes o visitantes que vuelven. Cuando su texto es bueno, eso es exactamente lo que sucede. Ellos siguen volviendo por más.

En resumen, aprenda de los mejores, emule lo que hacen y practique mucho. Antes de que se dé cuenta, será un mejor redactor.

10 CONSEJOS DE REDACTOR QUE FUNCIONAN

Si desea mejorar sus habilidades como redactor, querrá consultar estos diez consejos para redactores que funcionan. La escritura de ventas apenas es tolerada por el mercado, por lo que las empresas y los empresarios siempre están buscando redactores que tengan un historial de éxito. La redacción aburrida es una calificación reprobatoria inmediata. Estos quince consejos lo ayudarán a hacer sus textos interesantes y atractivos.

1. Varíe la longitud de sus oraciones. Haga que su texto contenga oraciones cortas, medianas y largas. Esto creará ritmo dentro de su escritura.

2. Haga una oración promedio de entre 15 y 18 palabras.

3. Tome su bisturí y corte las oraciones con sobrepeso y las palabras que no son necesarias. Mantenga su escritura limpia y nítida para que sea fácil de leer y entender. ¡No use relleno!

4. Divida las oraciones que son demasiado largas en dos oraciones, a veces incluso en tres. Use palabras de conexión como, y, porque, o, etc.

5. Una señal segura de que es novelista son los párrafos que son demasiado largos. Mantenga sus párrafos cortos y que contengan solo un pensamiento. Dos o tres oraciones son

suficientes. Siempre comience una nueva oración cuando el pensamiento o idea cambie.

6. La escritura de ventas requiere paciencia, especialmente si planea ser bueno en esto. Los lectores también son impacientes. Quieren leer y saber lo que está pasando. No quieren texto de relleno ni mucho aliento. Quieren una escritura clara y concisa.

7. Divida el contenido de su página usando encabezados y listas numeradas o con viñetas. Todo esto hace que la lectura sea mucho más fácil para el visitante.

8. Use lenguaje de naturaleza positiva. Esto significa decirle a su lector qué puede lograr con el producto o servicio. Evite usar el negativismo porque esto en realidad pone al lector en mala predisposición y es mucho menos probable que compre el producto o servicio ofertado.

9. No confunda la escritura llamativa con la escritura de ventas. No use palabras solo porque tienen un zumbido o un sonido impresionante. Deje la jerga en los textos de otra persona.

10. Escriba en un idioma que el lector pueda entender fácilmente. Su calificación de escritura no debe ser superior a un grado medio. Es imprescindible que sus lectores puedan entender su mensaje sin tener que hacer uso del diccionario.

Estos diez consejos funcionan bien, así que no se demore y empiece a usarlos desde ya. En poco tiempo verá una mejora en su redacción. Hay un montón de trabajo para los buenos redactores, así que simplemente continúe perfeccionando sus habilidades y en poco tiempo será uno de los "mejores de los mejores" en el mundo de los redactores.

LOS GRANDES REDACTORES ESCRIBEN EXCELENTES TITULARES

Puede ser un excelente redactor, pero si no puede escribir grandes titulares nadie lo sabrá jamás. ¿Por qué? Porque un titular que destaca lleva al contenido que se lee. Los titulares aburridos que se mezclan casi siempre se pasan por alto, mientras que los grandes titulares captan la atención del lector y estos se detienen a averiguar más leyendo el contenido.

Piense en esto durante un minuto. ¿Cuál de estos artículos es más probable que lea? "Un hombre salta de un edificio de 20 pisos" o "Un hombre se lanza desde un edificio de 20 plantas y sobrevive". El segundo, ¿verdad? Esto es porque el primer titular es aburrido y mundano. No hay nada que le haga querer seguir leyendo, mientras que el segundo encabezado llama su atención, "se lanza", ¿qué significa eso? ¿qué hace él para sobrevivir? Todo eso es lo que quiere saber.

Esto no es nuevo: aquellos que han estado escribiendo textos de ventas conocen desde hace tiempo el poder de un buen encabezado y lo que hace que su titular trabaje para ellos está directamente relacionado con el éxito del texto de ventas. Esto se aplica a toda la escritura en realidad. Dele un buen título y aparecerá el lector. Una técnica para hacer un buen título es usar palabras clave en el encabezado que sean relevantes para el contenido. Eso ayudará a que su texto se ubique mejor en los motores de búsqueda y eso significa que los lectores interesados en su tema específico tendrán mucho más fácil encontrar lo que usted ha escrito.

Puede ser un escritor increíble, pero si su texto no está colocado bien en los motores de búsqueda, nadie podrá encontrarlo, por lo que no se leerá su texto. Eso definitivamente no es lo que quiere que suceda.

Así que no solo debe modificar ese titular con su palabra clave, asegúrese de tener una densidad de palabras clave del 2% en todo su contenido para ayudarle a ubicarle bien en los motores de búsqueda. Si bien nuestro ejemplo usó un título excesivamente largo, en realidad es mejor si puede mantener su título en el lado más corto. Esto se debe a que los titulares más cortos son más fáciles de leer y de entender, especialmente en línea, donde los lectores pasan la mayor parte del tiempo buscando y leyendo.

Una carrera como escritor puede ser muy gratificante y se paga bien, pero la competencia es alta, por lo que necesitará ser "lo mejor de lo mejor". Recuerde que todo comienza con un buen titular, bueno, al menos ese es buen lugar para comenzar.

FUNDAMENTOS DE TITULARES

El título es la parte más importante de cualquier texto. Si sus titulares no captan la atención de sus lectores, no importa cuán buena sea su oferta o cuán bueno sea el resto de su texto. Solo tiene cinco segundos para impactar a sus lectores antes de que sigan adelante, así que haga que cuente.

El titular debe ser llamativo y en letra negrita para llamar inmediatamente la atención de su lector. El subtítulo reforzará el mensaje del título.

En este caso, el escritor utilizó el tipo de letra "Impact" y las fuentes rojas para captar la atención del lector. Las palabras en negrita en el encabezado son para romper la monotonía del título. También se usa para ejemplificar los puntos importantes (sin recargarlo).

Aquí hay algo importante que debe tener en cuenta: nunca use palabras en mayúsculas para su título. Úselo solo cuando sea necesario.

"¡¡¡IMAGINA LO QUE VERÍA ESTE SIEMPRE EN LA PÁGINA PRINCIPAL DE TU PÁGINA WEB"

En este caso parece que alguien le está gritando. ¿A quién le gustaría eso? Además, las letras mayúsculas completas parecen spam y a nadie ni a Google le gusta eso.

Además, los titulares tienen que usar palabras llamativas que pueden excitar las emociones al instante. ¿Alguna vez ha visto las revistas en un puesto de periódicos? Los titulares generalmente suenan pegadizos y usan palabras que despiertan la curiosidad y las emociones con temas como sexo, dinero y drama.

Pregúntese, ¿en qué nicho está? ¿Qué palabras puede usar para excitar emociones y crear drama en su segmento?

CÓMO CONVERTIRSE EN UN ESCRITOR MÁS PRODUCTIVO

Convertirse en escritor y convertirse en un escritor productivo son dos cosas diferentes. El hecho es que los únicos escritores en línea que ganan dinero son aquellos que son rápidos y buenos. Puede ser rápido y crear textos terribles que nadie quiere leer o puede ser lento y crear un gran texto, pero no ganará dinero con ello, al menos no el suficiente. La fórmula mágica realmente es: *Escribir rápido + Escribir bien = Ganar dinero.*

¿Cuál es su trabajo de escritura para hoy? ¿Una página de ventas? ¿Un artículo? Lo que sea que esté escribiendo hoy debe asegurarse de que lo que escribe respaldando el tema en cuestión. Entonces, ¿cómo comenzar? Lo primero que debe saber es la cantidad de palabras que va a tener su texto. 500 palabras es bastante normal en Internet, pero puede ser más corto o más largo.

Lo siguiente que debe hacer es conocer el tema en cuestión. Si se trata de un tema con el que está muy familiarizado, su trabajo es más fácil. Comience a escribir, sí, es correcto, solo comience a escribir durante cinco minutos completos. No mire la pantalla, no se preocupe por la ortografía, los párrafos, la gramática, etc. Simplemente escriba lo que sale de su cabeza. Se sorprenderá de la cantidad de información almacenada allí. Esto es especialmente cierto si ha estado escribiendo en línea durante mucho tiempo.

Establezca un temporizador y cuando se apague, deténgase. Ahora comience a poner sus ideas en forma. Organícelas, cree sus párrafos y encabezados, listas con viñetas, lo que sea que necesite para que su artículo funcione. Puede agregar más contenido si es necesario o eliminar alguno si ha escrito demasiado. Se sorprenderá de la cantidad de información que puede reunir si solo deja que las cosas fluyan.

Pero puede que no siempre esté familiarizado con el tema en cuestión. En estos casos va a tener que pasar un poco de tiempo investigando. Aquí es donde tener buenas habilidades de investigación puede ser útil porque querrá minimizar la cantidad de tiempo que pase aprendiendo sobre el tema en cuestión. Lea un poco, tome algunas notas y luego comience a escribir.

Es una buena idea averiguar siempre sobre el cliente para el que escribe antes de aceptar el trabajo, porque el coste debe reflejar su tiempo de investigación y de redacción, y si es un tema ajeno a usted, entonces tendrá dificultades para ser productivo.

Eso es todo: volverse más productivo no es tan difícil como habría pensado. ¿Por qué no darle una oportunidad?

¿CUÁNTO DEBO COBRAR POR EL TRABAJO DE REDACTOR?

Hay una gran confusión cuando se trata de cobrar por el trabajo de redacción. No son sólo los nuevos escritores quienes no están seguros de lo que deberían estar cobrando. Los escritores experimentados a menudo se encuentran subestimando sus tasas porque es un mercado altamente competitivo.

Recuerde, cuando lo contratan para escribir, o lo contratan por artículo, por proyecto, por hora o a tiempo parcial, no están pagando por su atención médica u otros beneficios sociales, no tienen la molestia de pagar las deducciones, y no tienen que preocuparse de estar obligados a mantenerlo dentro del personal en plantilla.

Tampoco tienen que preocuparse por pagar por el tiempo perdido, no hay pago de vacaciones y tampoco por enfermedad. No tienen que asegurarse de tener una oficina para trabajar, lo que cuesta dinero, y ni siquiera tienen que proporcionarle una computadora.

Por lo tanto, el contrato debe recoger un cobro por trabajo que genere beneficios. Este acuerdo o contrato le ahorra al empleador grandes sumas de dinero y le permite una gran flexibilidad.

Si usted es escritor y/o editor profesional ganará más o menos en función de su experiencia y de si puede aportar credenciales. No se asuste por las tarifas ridículamente bajas que están circulando en internet. Esos no son escritores o editores profesionales y la mayoría de las veces el inglés no es el idioma principal. Hay una gran diferencia en el trabajo de alguien que pide una cifra adecuada por hora por sus servicios y alguien que pide cantidades ridículamente bajas por hora.

Entonces, ¿cómo hacer para averiguar cuál será una buena tasa de redacción de textos publicitarios? La mejor manera de establecer su tarifa es decidir cuánto dinero quiere ganar en un mes. Luego concéntrese en traer esa cantidad de dinero de los diversos contratos que obtiene.

Sin embargo, debe dar un paso más y determinar cuánto tiempo le lleva completar cada proyecto. Por ejemplo, digamos que está haciendo artículos por trabajo y le lleva media hora completar cada artículo. Si solo está cobrando 5€ por artículo, estará trabajando a 10€ por hora. Eso es inaceptable para un escritor profesional. Sin embargo, si un artículo demora 15 minutos, entonces su tarifa sería de 20€, lo que podría ser aceptable.

El mayor problema al que se enfrentará al intentar establecer sus tarifas es que los clientes no entienden que existe una gran diferencia en la calidad y que realmente obtienen lo que pagan. No se deje intimidar para cobrar muy poco, porque si es bueno obtendrá la tasa que establezca.

Una vez que tenga varios artículos publicados y cuente con cierto reconocimiento sus precios serán más aceptados.

SECRETOS DEL REDACTOR DE TEXTOS QUE DEBE CONOCER

Si está trabajando duro para convertirse en el mejor redactor publicitario que puede ser, ¡eso es excelente para usted! La mitad de la batalla es la persistencia y la práctica.

Por supuesto, tener algunos de los principales secretos que nadie quiere compartir ciertamente puede ser útil también. Y eso es exactamente lo que vamos a compartir con usted. ¿Está listo? Pues empecemos.

1. Escriba en el idioma de sus lectores: si bien hay una cierta tendencia a escribir textos en inglés de alta calidad, lo que debe tener en cuenta es que la redacción debe ser en el idioma que le resulte más cómodo al lector. Es importante que sepa cuál es el mercado objetivo antes de comenzar.

2. Las personas suelen tener más o menos definido como responderán a ciertas historias. Comprenda qué tipo de historia genera qué tipo de emoción y qué tipo de acción. Use la narración de cuentos como una herramienta poderosa en su redacción para obtener la reacción que desea.

3. Siempre incluya una sola pregunta a la que el lector responderá "Sí". Esto condicionará al lector a estar de acuerdo con usted a lo largo de su texto y luego podrá obtener otro "Sí" de ellos cuando más lo necesite.

4. No tenga miedo de utilizar su historia personal y los hechos para construir una relación con el lector. La empatía es una excelente herramienta para mostrarle al espectador o lector que siente su dolor.

5. Piense en su texto de ventas como en una conversación que está teniendo en un bar con su mejor amigo. Tiene que ser realista, sonar como lo haría si estuviera hablando y no ser rígido. Siempre debe leer sus textos de ventas en voz alta para percibir realmente como suenan.

6. Estudie otro texto exitoso y aprenda de él. Tenga en cuenta las frases clave que se utilizan, cómo el redactor hace que las ventas sean impactantes y cómo genera ventas. ¿De quién es mejor aprender que del más exitoso? Por supuesto que tiene sentido.

Una carrera como redactor requiere mucho trabajo, pero las recompensas definitivamente valen la pena. El aburrimiento nunca es una preocupación y hay muchas oportunidades, especialmente si es bueno en lo que hace.

Internet ha permitido que aparezcan muchos puestos de redactores, por lo que, si busca una oportunidad de empleo con una empresa o desea ser un emprendedor, hay oportunidades disponibles. Estos excelentes consejos le ayudarán a convertirse en un mejor redactor publicitario.

CÓMO REALIZAR UNA REDACCIÓN RÁPIDA

La tarifa que cobra a su cliente depende completamente de usted, pero recuerde que cuanto más rápido sea, más cobrará por hora. Por supuesto, ser rápido también supone producir textos en corto tiempo, pero de calidad. Si lo desea puede escribir más rápido, y puede hacerlo más rápido de lo que leerá este libro.

Es posible que se sorprenda al saber que los redactores que trabajan desde casa generalmente no son muy eficientes para agilizar los trabajos de los clientes y estas son algunas de las razones de ello:

1.- Usan un ordenador portátil

Los ordenadores portátiles son convenientes, pero cuando está sentado delante de un ordenador portátil, trabajando todo el día, esto simplemente no funciona, no están diseñados para la producción o la velocidad. Las teclas son demasiado pequeñas, las almohadillas táctiles son molestas y la pantalla demasiado pequeña. Si realmente quiere trabajar como redactor a tiempo completo desde casa, ¡hágase con un buen ordenador de mesa!

2.- Almacenamiento de archivos incorrecto

Es posible que se sorprenda al saber que la mayoría de los redactores no tienen idea de la forma correcta de guardar los archivos. Simplemente siguen escatimando y sobrescribiendo el archivo inicial. Entonces algo sale mal. El archivo se daña, el cliente quiere algo del archivo anterior o accidentalmente elimina el archivo. Si trabajó en un entorno corporativo, la copia de seguridad de archivos adecuada sería parte del protocolo. Lo que debe hacer es guardar el archivo una y otra vez, cada 5 o 10 minutos con un nuevo nombre, cada vez que realice un cambio importante, en un soporte externo o en la nube (recuerde que hasta los ordenadores se estropean alguna vez), etc. Implemente un protocolo inteligente de guardado de archivos y se ahorrará horas en algunos puntos, además le ayudará a destacar contra la competencia.

Un apunte importante es que una vez que el documento esté listo se deshaga de todas las copias que no necesite. No desperdicie espacio en su máquina si no es para guardar algo que merezca la pena. Además, si organiza de forma adecuada sus textos le serán más fáciles de utilizar y localizar en el futuro, sin tener que ir abriendo cada uno de los archivos guardados en busca de cuál es el correcto. Se ahorrará tiempo y algún que otro disgusto.

3.- Archivos y documentos mal organizados

Muchos redactores tienen una forma muy pobre de mantener los documentos y archivos de sus clientes ordenados y fácilmente alcanzables. Muchos no usan plantillas, no crean carpetas, sus correos electrónicos no están organizados, etc. y lo que sucede es que se desperdicia tiempo buscando cosas. De hecho, si agrega el tiempo que pierde buscando cosas, es probable que se sorprenda. ¡Así que organícese!

Guardar los proyectos en carpetas donde incluya el articulo o texto publicitario junto con un archivo de texto donde se recojan los datos de contacto de su cliente y un breve resumen le facilitará mucho la vida. Incluir las fechas de publicación, contratación o entrega le puede ayudar a la hora de evaluar su productividad o las dificultades que encontró al comenzar un determinado proyecto.

4.- Contraseñas olvidadas

Ya sabe cómo es. Donde quiera que vaya, parece que tiene que crear un usuario y una contraseña y así lo hace. Luego, más tarde, vuelve al sitio y no puede recordar cuál fue la contraseña. Es molesto, frustrante y una pérdida de tiempo. Pero no tiene que ser así. Utilice un sistema para guardar contraseñas o cuente con un Excel o algún otro tipo de documento donde pueda encontrarlos rápidamente.

Pruebe estos cuatro consejos y se encontrará trabajando más rápido y de forma más eficiente.

CÓMO ESCRIBIR UN TEXTO PUBLICITARIO QUE FUNCIONE

El texto publicitario puede ser una de esas tareas difíciles para un redactor. Es bastante común armar algo y luego decidir que es demasiado aburrido para lo que está tratando de lograr, pero al mismo tiempo no quiere llenar su texto con un montón de exageraciones. Entonces, ¿cómo se llama la atención? ¿cómo encontrar el punto medio para alcanzar un texto publicitario exitoso?

Le recomendamos que lea algunos consejos útiles para crear un texto publicitario que funcione. No hay duda de que escribir un texto que sea bueno puede ser un desafío. Para empezar, es una buena idea entender el producto sobre el que está escribiendo. Le resultará mucho más fácil promocionarlo si conoce al menos cuáles son sus aspectos más destacados o sus ventajas: de esta forma usted sabe qué cosas va a promocionar en su texto de anuncio.

Cuando redacta un anuncio, el objetivo es lograr que el lector responda de una manera específica: que compre el producto, que se suscriba a un boletín informativo, que participe como voluntario en un evento, etc. Aquí es también donde se cae una gran parte del texto publicitario. El redactor hace un gran trabajo promocionando el producto o servicio, pero luego olvida el "gancho" final que convertirá al lector en un cliente. Y al final del día, todo se trata de las tasas de conversión.

Una vez que haya escrito su anuncio, debe preguntarse, ¿mi anuncio se destaca? ¿llamará la atención? ¿es más rico, mejor y más atractivo que los de los competidores? Si la respuesta es sí, está en el camino correcto, pero si contestó que no, tendrá que volver atrás y trabajar en el texto de su anuncio un poco más. Sea lo que sea que esté vendiendo, probablemente haya una docena de personas vendiendo lo mismo, por lo que debe poder hacer que su anuncio sea más atractivo, sin llenarlo de exageraciones, y ciertamente no quiere ser deshonesto en lo que está diciendo.

Veamos un ejemplo. Digamos que está escribiendo un anuncio para vender un libro electrónico para escribir un anuncio. Usted crea un anuncio que dice: "Aprenda cómo escribir buenos anuncios en línea". Ahora no hay nada de malo en eso, excepto que es bastante "corriente" o común y por lo tanto no va a destacar ni a enganchar a los usuarios de la web y convertirlos en clientes. Ahora bien, note la diferencia: "¿Está cansado de anuncios fallidos? ¡Cree anuncios que vendan!" ¿No es mucho más atractivo y probable que convierta su tráfico web en clientes de pago? Entonces entiende la idea que le planteamos aquí. Para escribir un buen anuncio que funcione, debe sobresalir, y debe hacerlo de manera honesta pero efectiva.

CONSEJOS PARA ESCRIBIR UN ANUNCIO WEB EFECTIVO

¿Su anuncio web funciona para usted o podría hacer un mejor trabajo? Sea honesto. ¿Está obteniendo la tasa de conversión de tráfico que estaba buscando o no la ha alcanzado aún? Estos consejos para redactar un anuncio web efectivo podrían cambiar las cosas para usted, así que asegúrese de leerlos todos.

Una de las cosas más comunes que encontrará si comienza a buscar en los sitios web es que vienen en diferentes tamaños, diseños, formas, colores y fuentes. De este modo, ¿qué nos dice eso? Bueno, dice que no hay una sola manera de lograr que un anuncio funcione. Sin embargo, si se fija un poco más de cerca, verá que hay algunos elementos comunes en los que tienen éxito.

Así que echemos un vistazo.

1. Un enfoque acogedor: desea que sus visitantes se sientan bienvenidos cuando lleguen a su página de inicio. Hágalos sentir cómodos con un texto sencillo como "Bienvenido a ...".

2. Establezca credibilidad: sus páginas deben establecer que usted es un recurso excelente para los productos/servicios que ofrece. Dígales qué es lo que hace y qué ofrece. "Su fuente para ..."

3. Ayude a su visitante a orientarse: cuéntele a su visitante sobre su sitio, qué puede encontrar, dónde y recuerde siempre responder la pregunta que pasa en primer lugar por la cabeza de una persona al entrar en una web, "¿Qué hay aquí para mí?"

4. Navegación fácil: nada hará que un visitante toque el botón Volver más rápido que un sistema de navegación difícil de seguir o de entender. Así que asegúrese de crear su sitio web para que sea lo más fácil posible de manejar.

5. Información de contacto: es importante que su información de contacto esté disponible y sea fácil de localizar. Si no comparte su información de contacto, existen ramificaciones legales, pero también es difícil para los visitantes construir un fideicomiso si no saben quién es usted o cómo contactarlo.

6. Proceso fácil de contacto: haga que sea fácil para el visitante enviarle un correo electrónico o acceder a la ayuda en vivo. Sí, pueden llamar por teléfono, pero muchas personas prefieren el correo electrónico.

7. Declaración de privacidad: asegúrese de que sus visitantes sepan cuál es su declaración de privacidad. Puede usar un texto estandarizado si no hay nada complicado sobre lo que hace. También hay programas disponibles en línea que por una tarifa lo ayudarán a crear su declaración de privacidad. La gente quiere saber que no está

vendiendo su información por lo que debe hacerles saber cuáles son sus políticas.

8. Copyright: con demasiada frecuencia esto se olvida por completo. Pero para protegerse, realmente debería estar en su página de inicio. "Copyright (c) [insertar año] [Insertar nombre de su empresa]. Todos los derechos reservados."

Ahí tiene. Si está creando un anuncio web para un cliente, asegúrese de utilizar estos simples consejos para crear un anuncio más atractivo e interesante.

LA IMPORTANCIA DE UNA CORRECTA EDICIÓN

La mayoría de los escritores no son conscientes de que lleva más tiempo editar que escribir. Creen que los editores solamente pasan a través de una docena de páginas en minutos y ya está todo listo para funcionar. En realidad, la edición correcta de textos requiere una gran cantidad de tiempo y en realidad a veces en más difícil más que escribir.

Un buen redactor editará el texto una y otra vez, porque saben que la edición es la clave de su redacción, ya que presenta lo mejor. Esto es aún más importante cuando se trata de un libro o un libro electrónico que se ha escrito. La edición es una parte integral de la escritura.

Entre otros, la edición:

Pondrá a punto el texto para garantizar que sea fácil de leer y comprender.

Asegurará una voz consistente a lo largo de la escritura.

Asegurará que la información se presente en el mejor formato posible.

Corregirá la puntuación, la gramática, etc. para que la escritura se vea profesional.

Cuando se trata de editar, hay una serie de pasos a tener en cuenta., echemos un vistazo a ellos.

1 - Tiempo para obtener críticas

¿Qué tan bien fluye la escritura? ¿Cuál es la base? ¿Qué tan bien se perfila la idea del escritor en el Capítulo Uno y continúa fluyendo adecuadamente desde allí? ¿Qué tan bien concluye? Debe analizar la escritura y luego hacer los cambios necesarios.

2 - Editar todo el texto

Ahora que ha completado el análisis, ya sabe lo que debe hacer para corregir los puntos débiles, así que ahí es donde sigue. Debe leer el contenido en voz alta para asegurarse de que las palabras tengan sentido cuando se digan en voz alta. Es una buena idea activar el seguimiento para que pueda ver qué cambios se están realizando.

3 - Parar una vez y repetir nuevamente

De hecho, va a hacer este paso varias veces. Editará, luego se alejará de su proyecto y volverá a editarlo. Usted lo repetirá hasta que haya corregido todo lo que necesita ser corregido.

4 - Gramática y ortografía

Ahora se va a preocupar por la gramática y la ortografía, revisando una vez más el material y repitiendo tantas veces como sea necesario para detectar todos los pequeños errores.

5 - Inyectar una voz

Una vez que el flujo editorial es bueno, debe comenzar a prestar atención al tono de escritura y al estilo. Vuelva a leerlo y preste atención a que las cosas se dicen "de la manera correcta" y que la misma energía fluye de principio a fin.

6 - Formatee el texto

Esto es muy importante: incluya encabezados, fuente, tamaño de letra, etc. para garantizar que el formato de escritura sea uniforme de principio a fin.

7 - La revisión final

Esto es, la última crítica. Asegúrese de tener su ojo crítico funcionando. En realidad, debería haber dejado el material listo un par de días antes de dar este último paso. ¡Su objetivo es la perfección!

CÓMO LA CAPACITACIÓN PUEDE AYUDARLO A CONVERTIRSE EN UN MEJOR REDACTOR

Uno de los mejores recursos disponibles para usted para convertirse en un mejor redactor es contar con un poco de entrenamiento de redacción.

Hay muchas opciones disponibles en línea, por lo que no debería tener problemas para hacer coincidir su presupuesto con el tipo de capacitación de redacción que está buscando y con la capacitación de redacción de textos disponible.

Los redactores tratan con la escritura de respuesta directa donde se presenta una oferta y las personas responden de inmediato. Esto se puede hacer por radio, televisión, periódicos, revistas y otros medios. Actualmente, el lugar más común es Internet, donde hay una gran demanda de buenos redactores.

Si no está seguro de si la redacción es su nicho, hay mucha información disponible sobre redacción en línea en su biblioteca local o en su librería local. No debería tener dificultad para encontrar información sólida. También hay recursos gratuitos en línea que pueden ayudarlo a desarrollar sus habilidades de redacción.

Puede aprender como quiera y mejorar su nivel de habilidad actual. Si realmente quiere hacerlo, puede incluso darse de alta y realizar un curso de redacción.

Es importante que se dé cuenta de que esta es una industria que cambia continuamente, por lo que, aunque su curva de aprendizaje alcanzará su punto máximo, también requerirá un compromiso constante para mantenerse al tanto de las tendencias que funcionan y se utilizan en toda la industria. Esto es especialmente cierto si está trabajando en Internet, que es una industria muy volátil y que cambia constantemente.

Contar con una formación formal sin duda será beneficioso; sin embargo, sigue siendo una buena idea tomar uno o dos cursos diseñados específicamente para redacción y/o comercialización. Puede encontrar estos cursos a través de una serie de lugares y, en su mayor parte, son bastante asequibles, por lo que no tiene que preocuparse por no disponer de un gran presupuesto para cosechar los beneficios.

Por supuesto, también puede invertir en más libros sobre redacción de textos publicitarios. Muchos de estos libros brindan información muy variada y útil y pueden ayudarlo a mejorar sus habilidades.

La redacción publicitaria es una gran elección de carrera. Es interesante, gratificante y siempre cambiante. También puede ser muy lucrativo si es bueno en lo que hace. Así que no dude en obtener esa formación adicional para convertirse en un mejor redactor.

CONSEJOS PARA SER UN MEJOR REDACTOR

¿Le encanta escribir? ¿Actualmente trabaja como redactor publicitario o espera hacerlo en el futuro? Hay mucho trabajo disponible para aquellos que se destacan en el campo de la redacción de textos publicitarios.

Este es un grupo de personas altamente cualificado y si aún no lo es puede convertirse en uno de los escritores de élite en la web. Aquí hay algunos consejos interesantes para ayudarle a dar lo mejor de usted.

Observe (People Watch): es posible que se sorprenda de que las personas que lo miran y a las que observa puedan ser de alguna ayuda para usted, pero en realidad es extremadamente beneficioso. Esto se debe a que al observar a las personas se aprende a leer las emociones, lo que las motiva, cómo reaccionan ante ciertos estímulos, etc. De este modo, cuando esté escribiendo un texto puede transmitir lo que ha aprendido lo que le llevará a producir una mejor escritura.

Únase a un grupo de escritura: no hay nada que haga que los juegos creativos fluyan mejor que el diálogo abierto con otros escritores. También pueden ayudarse unos a otros con la corrección de pruebas, la edición e incluso solo para intercambiar ideas. Muchas veces hay concursos de escritura. Estos pueden ayudarlo a mejorar sus habilidades.

Visite la escena: a lo que se refiere esto es simplemente a lo siguiente: si escribe sobre una playa, vaya a la playa a escribir, si está escribiendo sobre un partido de béisbol, vaya a uno y escriba. Su descripción visual será mucho mejor cuando la "viva".

Salga más allá de su zona de confort: si desea convertirse en un redactor realmente bueno, necesita ir más allá de su zona de confort. Esto se debe a que, si se mantiene en su zona de confort, no hay ningún desafío para su escritura y, por lo tanto, no hay mejora. Tampoco aprenderá nada nuevo si se estanca en su zona de confort.

Analizar la escritura de otros autores: encuentre autores cuyas obras disfrute y luego analícelas en cuanto al contenido, la gramática, el flujo, etc. Al hacerlo, aprenderá de sus errores y es menos probable que cometa los mismos.

Monotasking: la escritura es una de esas habilidades que realmente requieren concentración y más concentración si planea dar lo mejor de sí. Así que configure un temporizador por un tiempo específico y escriba ininterrumpidamente hasta que este se apague. Le sorprenderá que cuánto más concentrado escribe mejor es su contenido.

Conozca la estructura de su historia: le sorprendería saber cuántas personas no entienden la arquitectura de su historia, que es casi lo mismo que hacer una cirugía cardíaca en pantalones y sin la capacitación adecuada.

Ahí los tiene, algunos de los consejos que le ayudaran a escribir mejor y a ser un gran redactor. ¿Por qué no ponerlos a prueba?

CÓMO CONVERTIRSE EN UN REDACTOR PROFESIONAL

¿Le gusta escribir? ¿Ha estado pensando en convertirse en redactor profesional? En ese caso, querrá seguir leyendo para obtener más información sobre una carrera como redactor publicitario.

Un redactor podría trabajar para una agencia de publicidad o como empresario independiente. En la actualidad, existen muchos productos y servicios de marketing en línea disponibles para sitios web. Un redactor creará eslóganes, escribirá un texto publicitario, creará cartas de ventas y hará cualquier tipo de escritura relacionada con la venta de un producto o servicio.

Convertirse en un buen redactor publicitario requiere de una gran dedicación al oficio y, por supuesto, debe ser un escritor especializado. Hay muchos redactores en la red, por lo que la competencia es abundante, pero no se preocupe porque si tiene un talento natural para este tipo creativo de escritura, entonces encontrará un nicho en el que encajará muy bien. Así que, si ser un redactor profesional es lo que quiere hacer, ¡adelante!

Los redactores trabajan en varias industrias, incluidas la radio, la televisión y los negocios en línea. Deberá encontrar un área de redacción que le interese y encontrar el nicho en el que desea que fluya su creatividad.

La industria de redacción de más rápido crecimiento es la industria en línea ya que cada vez más empresas reconocen la importancia de un buen texto publicitario en sus páginas de inicio, en sus sitios web, en las páginas en donde comercializan sus productos y servicios, en sus correos electrónicos, en sus boletines y, por supuesto, en sus cartas de ventas.

Los clientes disponibles van desde nuevos empresarios hasta empresas de varios millones de dólares por lo que, dependiendo de sus habilidades y experiencia, debería poder encontrar una buena pareja para usted.

Si desea obtener un trabajo como redactor hay algunas habilidades que necesitará tener. Entre ellas se encuentran las que se mencionan a continuación:

Talento para la escritura creativa.

Capacidad para crear historias usando palabras e imágenes.

Ser extremadamente flexible.

Estar dispuesto a trabajar por poco hasta que haya establecido su nivel de habilidad. Una vez que cuente con la experiencia suficiente podrá aumentar su coste por hora; sus referencias lo harán posible.

Estar dispuesto a mudarse.

Llevar a cabo un aprendizaje de redacción es una excelente manera de determinar si esta es una buena opción de carrera para usted. Quizás ha estado escribiendo durante mucho tiempo, pero acaba de decidirse a probar la redacción publicitaria o tal vez nunca ha escrito con anterioridad. No importa porque tendrá que comprometerse a practicar su oficio y ajustarlo para que pueda mejorar sus habilidades y expandir su horizonte.

Trabajar como redactor profesional nunca es aburrido y sin duda puede ser gratificante, sin mencionar el potencial de excelentes ganancias. Pero requiere trabajo duro así que mentalícese desde el primer momento para no frustrarse más adelante.

CONSEJOS DE ESCRITURA QUE LO HARÁN UN MEJOR REDACTOR

Si desea convertirse en un mejor redactor, lo primero que debe hacer es estar dispuesto a trabajar en ello tal y como hemos mencionado en varias ocasiones a lo largo de este libro.

Convertirse en un mejor redactor requiere práctica y dedicación, pero no se preocupe ya que vale la pena cada minuto invertido en ello.

Comencemos con algo de reflexión:

Escribir es sencillo, pero no es fácil.

Para obtener una lista de clientes más grande, debe ser realmente bueno.

Hasta que publique su trabajo, solo está incursionando por escrito.

No puede practicar a menos que sea disciplinado y tenga la capacidad de perseverar.

¡Pare de poner excusas!

Antes de tomar la decisión de llevar su redacción al siguiente nivel, responda algunas preguntas:

¿Por qué quiero escribir?

¿Para quién quiero escribir?

¿He encontrado mi voz, mi tono, mi estilo?

¿A qué estoy dispuesto a renunciar para mejorar mi oficio?

¿Ha hecho lo anterior? Genial, ahora he aquí algunos consejos para ayudarle a convertirse en un mejor redactor y llevarle de aficionado a profesional.

1.- Escriba todos los días, ¡no pierda ninguno!

2.- Asegúrese de que lo que escriba sea claro, conciso y efectivo.

3.- No sea flojo: si va a escribir, escriba y escriba inteligentemente.

4.- Deje de preocuparse por si es un buen redactor y simplemente siga escribiendo.

5.- No se concentre en ser publicado, solo escriba y la publicación llegará.

6.- Escriba cosas que valga la pena escribir, no escriba buscando la fama.

7.- Escriba sobre lo que cree. De esa manera puede escribir con convicción.

8.- Ahora es el momento de comenzar a construir una plataforma para promocionarse y así poder encontrar su clientela.

9.- Sea intencional y será notado.

10.- Para crear una audiencia más amplia, debe limitar su enfoque.

11.- Aprenda de otros redactores: lo que funciona, lo que no funciona, lo que los hizo exitosos.

12.- Asegúrese de que siempre atrae a sus lectores.

13.- Incremente intencionalmente su tráfico a través del uso de un blog.

14.- No tenga miedo de publicar sus escritos en los blogs de otras personas.

Debe esperar que algunas personas reaccionen negativamente a lo que escriba, incluso que le odien y lo critiquen. No debe preocuparse, solo ignórelos. Las críticas deben verse como oportunidades de mejora, pero toda opinión que pueda resultar ofensiva o que nos deje con la sensación de ser agredidos no debe tomarse en consideración.

Si necesita ayuda con su redacción actual, existen muchos sitios, grupos y foros excelentes que pueden ayudarlo. Comparta ideas, haga preguntas y aprenda. Ser escritor significa que se ha comprometido con una vida de aprendizaje. Es emocionante, gratificante y puede ser financieramente muy lucrativo para los mejores redactores.

12 MANERAS DE CONVERTIRSE EN UN MEJOR ESCRITOR

¿Es escritor? El mercado en línea actual tiene una gran demanda de escritores, pero la competencia es elevada por lo que querrá ser el mejor escritor que pueda ser. Aquí hay doce formas en las que puede convertirse en un mejor escritor. ¿Por qué no darles una oportunidad? Amos a ello.

1. Observe los artículos, libros y cualquier otro texto que haya escrito en el pasado y reconozca cuán lejos ha llegado su escritura desde entonces.

2. Cada mañana, escriba algo. De hecho, haga que sea una de las primeras cosas que realice cada día. Es una excelente manera de hacer de la escritura una prioridad y mejorar sus habilidades.

3. Escriba para un periódico, blog, boletín informativo, etc. Escriba localmente o encuentre una oportunidad en línea. Le proporcionará una excelente exposición como escritor y lo ayudará a mejorar sus habilidades.

4. Cuando se sienta inspirado, deténgase y escriba. Deje que su creatividad salga cuando sienta que fluye. Usar un diario es una gran manera de hacerlo, porque puede poner todas sus ideas junto con sus escritos sobre la marcha.

5. Cuando alguien le pregunte lo que hace, dígales "Soy escritor". De hecho, dígale a la gente que usted es escritor cada vez que tenga la oportunidad. Eso le ayudará a auto motivarse y a querer trabajar más duro para alcanzar sus metas.

6. Reconozca sus miedos y luego trabaje para superarlos. No permita que lo detengan de asumir cualquier oportunidad de escritura, proyecto o empleo. Debe superar estos temores si quiere tener éxito en esta industria altamente volátil.

7. Deje que lo que ha escrito descanse durante unas horas y luego regrese con ojos nuevos para hacer su último control. Si no hace esto, es mucho más probable que omita errores cuando está haciendo las correcciones porque sus ojos verán lo que deberían leer en lugar de lo que en verdad está escrito.

8. Tómese el tiempo necesario para comentar en los blogs que sigue. Esto le da una gran exposición a medida que su nombre sale a la luz. Además, muchos le permiten incluir su sitio web, lo que le da exposición a su sitio web.

9. Manténgalo agradable y simple. ¿Recuerda la famosa fórmula KISS? ¡No la olvide! Haga lo posible para que su escritura sea fácil de leer y de entender.

10. Determine cuáles son sus horas más productivas. Muchos escritores lo hacen mucho mejor a altas horas de la noche cuando el mundo

es tranquilo y pacífico, lejos de los ruidos de la actividad diaria. Otros escritores son muy creativos a primera hora de la mañana. Encuentre su momento perfecto y úselo.

11. Establezca un momento en el que hará su investigación para no tener que saltar entre la investigación y la escritura. Mantenga las dos tareas por separado.

12. Haga que otra persona revise y lea su trabajo siempre que sea posible. Esto es especialmente útil si está escribiendo un libro o un libro electrónico. Si tiene que pagarle a alguien una tarifa moderada, sin duda valdrá la pena.

PUNTO DE VENTA EMOCIONAL

Hablamos sobre las emociones en capítulos anteriores. En el pasado, muchas empresas utilizaban algo llamado "Punto de venta único" o "Propuestas de venta únicas" para diferenciarse de sus competidores y conseguir más ventas.

Si bien eso es muy importante, en el mundo en línea, tenemos algo adicional llamado "Punto de venta emocional": es la capacidad de aprovechar las emociones de los lectores para que puedan llevar a cabo su acción más deseada.

Aquí hay un ejemplo de un punto de venta emocional: "Sabía lo que era luchar como nuevo comercializador, aprender a atraer tráfico a mi sitio web. A veces, incluso comía una rebanada de pan al día porque no ganaba mucho dinero con mi negocio en línea ... "

Este ejemplo clásico se relaciona las dificultades que enfrenta el vendedor con la persona que lee el texto de ventas, que probablemente enfrenta los mismos problemas que alguna vez tuvo.

Los puntos de venta emocionales también se tratan mucho con poderosas palabras que estimulan la emoción. Por ejemplo, en el nicho en línea para ganar dinero usar palabras como: "libertad financiera y de tiempo, libre de los grilletes de 9-5, renuncie a las ojeras". Estos son términos emocionales relacionados con el nicho con el que las personas pueden relacionarse fácilmente y conectarse. En resumen, si desea utilizar el punto de venta emocional de manera efectiva para comercializar su negocio, hágase estas dos preguntas:

1) ¿En qué nicho está?

2) ¿Qué tipo de palabras / historias / situaciones son las que las personas en su nicho pueden identificarse?

Una vez que haya determinado la respuesta a estas dos preguntas, puede tratar de hacer una lluvia de ideas, tantas como sea posible que pueda usar en sus textos de ventas o en contenido de marketing.

LLAMADA A LA ACCIÓN

La llamada a la acción es probablemente uno de los componentes más importantes de cualquier contenido. Lo primero que debe hacer es determinar cuál es el resultado más importante que desea que realicen sus clientes ante sus anuncios.

Los diferentes componentes de su negocio generalmente requerirían un tipo diferente de resultado deseado.

Blog
Página de comentarios de Facebook
Página de aterrizaje de Me gusta

Inscribirse en correos electrónicos
Hacer clic en Páginas de venta
Compras

Estos son los tipos comunes de resultados que normalmente desearía.

Una vez que haya determinado eso, su **llamada a la acción** debe estar redactada o configurada para facilitar ese tipo de acción.

Por ejemplo: para una configuración de blog una buena llamada a la acción sería: "Si esta publicación le ha gustado, ¡por favor comente abajo!"

Por más tonto que suene decirle literalmente al lector qué hacer los estudios de prueba divididos han demostrado que esto es realmente efectivo.

De esta forma, la mejor manera de lograr resultados rápidamente es modelar lo que otros han estado haciendo y que funciona y eliminar las cosas que no funcionan.

Para dar otro ejemplo, si desea que los posibles compradores realicen una compra puede animarlos a ello con un texto como "¡Compre su ejemplar antes de que se agote!"

Tenga en cuenta que hemos agregado un factor de *escasez* simple (uno de los puntos de marketing adicionales que se utilizan con frecuencia) al afirmar que se agotará si no actúa ahora. Agregar factores de escasez o sensibilidad temporal a su llamada a la acción a menudo resulta en altas conversiones, ¡así que no se olvide de incluirlo en lo que sea que haga!

Finalmente, debe tener en cuenta que la tasa de éxito de la llamada a la acción no es únicamente el resultado de las palabras de uso en la llamada, sino de cómo reúne diferentes componentes de su texto de ventas como el manejo de la emoción, la solución ante objeciones y mostrando los beneficios.

ALENTAR LA ACCIÓN

La llamada a la acción es el último paso y es el más crucial.

Ahora su público sabe de qué trata su producto o servicio, comprende el valor que está ofreciendo y está visualizando cómo sería la vida si lo tuviera. El siguiente paso es hacer que actúen ahora mismo para comprar el producto.

La parte "ahora mismo" de una oración es importante, por cierto. En otras palabras, no es suficiente alentar a sus compradores a querer el producto: debe lograr que actúen en ese momento y lugar para deshacerse de su efectivo.

Esto es importante porque la mayoría de las compras se basan en el impulso y la emoción, más que en la razón y la lógica. Hacemos clic en "comprar" porque lamentablemente queremos algo y nos sentimos ansiosos por perderlo si esperamos. Sin embargo, a menudo, si nos hubiéramos parado a pensar en ello en realidad nos habríamos dado cuenta de que no lo necesitábamos en absoluto.

Su objetivo es asegurarse de que sus lectores no tengan tiempo para pararse a pensar. Entonces, debe hacer que actúen rápido justo cuando están en su punto álgido y realmente quieren su producto.

Y hay algunas maneras en que puedes hacer esto. Vamos a ello.

Escasez y urgencia

Una de las maneras más fáciles de asegurarse de que las personas actúen rápidamente cuando ven su producto es haciéndoles creer que se arriesgarán a perderlo si esperan. Y una forma común de hacerlo es implicar que tiene un suministro limitado. Esto se llama 'escasez' y funciona particularmente bien porque tiene el efecto secundario de hacer que el producto parezca más deseable: es 'edición limitada' y es algo que no todos pueden tener (¡siempre queremos lo que no podemos tener!).

Por supuesto, cuando usa escasez, también limita la cantidad de artículos que puede vender. Por esta razón, hay otras formas de resolver el problema que le permiten matar dos pájaros de un tiro. ¿La opción más obvia? Tener un bono o un descuento por tiempo limitado.

De esta manera, el proceso de pensamiento de su audiencia será algo así como: "Sé que definitivamente quiero esto, pero si lo compro ahora, ¡recibo más por mi dinero!".

También puede usar el lenguaje cuidadosamente para crear mayor urgencia y escasez. Use frases como "actúe ahora", "apresúrese mientras duren las existencias" o "haga clic para comprar"; todo puede ayudarlo a alentar un juicio rápido. Como ve, puede crearse sutilmente un sentido de urgencia a través de su vocabulario.

Eliminando la barrera a la venta

Al mismo tiempo que hace que el lector quiera comprar rápidamente, también puede enfocar esto desde el otro lado de la ecuación al pensar en lo que podría impedirles comprar. Esto podría ser una falta de confianza o el esfuerzo involucrado en hacer la transacción.

Podemos abordar ese primer problema con nuestro texto de varias maneras. Una es abordar las inquietudes de los lectores directamente (esta no es solo otra de esas 'estafas'), mientras que otra es usar la prueba social o estadísticas.

También puede presentar garantías o hablar sobre cómo su producto es realmente una inversión, todo lo cual ayudará a que la compra de su producto no sea una propuesta arriesgada para que estén más inclinados a seguir adelante y hacer clic en "comprar" por impulso.

La confianza también es algo que puede acumularse a lo largo del tiempo al proporcionar información útil y de valor en repetidas ocasiones en sus publicaciones y artículos de blog.

ATRAPANDO Y CONQUISTANDO LA ATENCIÓN

En este punto del libro ya debe tener una buena idea de cómo escribir bien. Parte de esto vendrá con la práctica, pero si mantiene los consejos que hemos cubierto en su mente, su escritura debería ser más atractiva e interesante para el lector.

Ahora podemos sumergirnos en lo bueno: comprender la psicología de nuestros lectores para tratar de convencerlos de que nos compren, de que se suscriban a nuestro boletín o de marquen nuestra página.

El primer desafío al que se enfrentará en esta capacidad es lograr que lean lo que ha escrito. Mucha gente va a aterrizar en sus páginas todos los días y, lamentablemente, la mayoría se irá a los pocos segundos de llegar. El tiempo promedio que alguien pasa en cualquier sitio web es en realidad menor a un minuto y la mayoría de nosotros puede dar fe de esto si reflexionamos sobre nuestro propio comportamiento de navegación.

El hecho es que estamos constantemente apurados, estamos insensibilizados a todos los anuncios que vemos y nos hemos acostumbrado a obtener la información que estamos buscando en muy poco tiempo.

Si alguien carga su página y se encuentra con una gruesa pared de texto que explica la importancia de la sinergia en un negocio conectado... entonces los perderá en segundos. ¡Tiene que ser más rápido y más atractivo que eso!

Diseño y fuente

Lo primero que debe hacer para asegurarse de que su redacción atrapa y mantiene la atención es formatearla correctamente. No importa cuán bueno sea al escribir: un párrafo masivo de texto nunca será leído por alguien que aterrice en su página. En su lugar, debe dividir su contenido con muchos párrafos breves y debe usar encabezados, viñetas y cualquier otra cosa que pueda para espaciar la información.

Del mismo modo, la fuente en sí misma debe ser grande y legible, y debe usar un espaciado de línea lo suficientemente grande para asegurarse de que no se vea abarrotada o atestada en la página.

Otro consejo es pensar en qué lugar de la página va a aparecer su texto y cómo lo dirigirá. Un buen diseño web debe fusionarse con un buen contenido para asegurarse que la atención del lector se dirige de la manera correcta y no se distrae.

Hay muchas señales sutiles que contribuyen a esto. Como regla general, tendemos a absorber información de arriba a abajo y de izquierda a derecha. Esto significa que la información que queremos que los visitantes lean debe comenzar en la esquina superior izquierda de la página (aproximadamente). Al mismo tiempo, también tendemos a mirar el objeto más grande, más audaz y más colorido en cualquier página en primer lugar. Este será el elemento que creará más contraste.

Esta es la razón por la que a menudo ve revistas que usan letras grandes, en negrita y de color al comienzo de los artículos: "**E**squiar es un pasatiempo que puede ser increíblemente divertido, pero también algo peligroso..."

Esa gran 'E' dice 'empezar aquí' y ayuda a llamar la atención sobre el comienzo del texto.

Las señales sutiles incluso pueden provenir de las imágenes en su página.

Pregúntese si su imagen podría interpretarse inconscientemente como una flecha para llamar la atención. Por ejemplo, si hay una imagen de una persona en su página, es probable que sus visitantes miren automáticamente en la dirección que la persona está enfrentando. ¡Esta es la razón por la cual las personas en su página siempre deben mirar el texto!

Contando un cuento

Con su texto configurado para captar la mayor atención posible, lo siguiente que debe hacer es intentar asegurarse de que su texto sea conmovedor y que obligue al lector a seguir leyendo.

La idea es que su escritura tenga una cualidad casi adictiva de modo que incluso cuando el lector se dice a sí mismo que debería estar haciendo otra cosa le costará desviar la mirada de la página.

¿Cómo podemos lograr esto? Un consejo que es muy útil para los principiantes es usar una estructura narrativa para tratar de llamar la atención.

Este es un método increíblemente eficaz para atraer gente y lograr que se involucren emocionalmente en lo que dice. ¿Por qué? Porque hemos evolucionado durante miles de años para prestar mucha atención a las historias. Creemos que las historias son relevantes para nosotros y podemos ponernos en el lugar de las personas sobre las que estamos leyendo.

Naturalmente, hacen uso de nuestra empatía integrada y nuestra comprensión de los demás, y esto les da una capacidad aún más poderosa para influir en nosotros y cambiar nuestros pensamientos.

Además, nos resulta muy difícil alejarnos de una historia porque queremos saber qué sucederá a continuación. Si alguna vez se ha pasado toda la noche viendo televisión mal hecha, ¡entonces lo entenderá bien! "¡Sabía que era basura, pero aún asó quería saber qué sucedió!"

A menudo verá que esta estrategia se usa en las páginas de ventas que están tratando de vender esquemas de "ganar dinero" o en libros electrónicos de ejercicios.

Podrían ser algo como esto:

"Me resulta difícil de creer ahora, pero una vez estuve REALMENTE justo de dinero. Quiero decir, una vez tuve agua en mis cereales el año pasado porque no tenía leche y no podía comprar más... que ni siquiera era tan malo como cuando comí brócoli frío para el almuerzo porque era lo único que había en mi refrigerador. Hoy las cosas son MUCHO mejor. Ahora estoy escribiendo esto desde mi yate privado... Pero ¿cómo llegué aquí?"

Usando esta técnica, el contenido llama la atención de inmediato porque está usando la primera persona y suena abierto y honesto (¡por supuesto, la mayoría de estas cosas son un montón de tonterías!). Leemos la primera oración o dos para escuchar lo que la persona tiene que decir de sí misma y porque cada párrafo es muy corto, nos encontramos constantemente moviéndonos a la siguiente línea y desplazándonos por la página como lo hacemos nosotros.

Muchas personas podrán relacionarse con la historia y cuando se enteren de que había una 'salida', estarán intrigados. El hecho de que la salida no fuera 'normal' solo lo hace más intrigante.

Y antes de que se dé cuenta, se habrá desplazado continuamente hacia abajo y estará cada vez más interesado en lo que la persona tiene que decir. Algunas personas reaccionarán de manera diferente. Verán este texto y pensarán: "Lo he visto antes, ¡qué manipulador!". Pero ya sabe: a menudo estas personas también leen el texto en parte para ver lo molesto que es ... ¡y esto significa que aún pueden terminar siendo atrapados por la historia!

Cree una historia que capte la atención instantáneamente y luego trate de convertir cada línea o párrafo corto en un mini-momento fulminante. Idealmente, el lector debería sentirse completamente obligado a seguir avanzando hacia la próxima línea y es posible que no pueda detenerse hasta que llegue al final.

Usar preguntas retóricas

Otra cosa que a menudo encontrará utilizada en páginas de ventas largas es la pregunta retórica. Esta es una pregunta dirigida al lector que, por supuesto, no va a obtener una respuesta, pero que sirve para una serie de propósitos útiles como resultado. Para empezar, el uso de preguntas crea una pequeña cantidad de suspense y también divide el texto.

¿Cómo?

Al hacer que el lector adivine cuál será la solución y hacer que esperen un momento antes de descubrirlo. (¿Ve lo que ocurrió aquí?)

Al mismo tiempo, la pregunta retórica también sirve para que el lector piense por un momento y, al hacerlo, hace que se involucre más con el texto.

Finalmente, la pregunta retórica funciona porque el lector siente como si el escritor le estuviera hablando. Esto nuevamente le hace sentarse y tomar nota; similar a cuando un profesor dice el nombre de un alumno porque realmente no estaba escuchando.

A continuación, puede ver algunos ejemplos:

¿Está enfermo y cansado de tener sobrepeso?

¿No odia cuando tiene que esperar diez minutos para que se cargue su computadora?

Hacer texto de calidad

También es muy importante tratar de hacer que su texto sea fácil de usar cuando sea posible. Esto significa que su lector debería ser capaz de hojear fácilmente todo lo que ha escrito y aun así obtener una imagen completa de lo que ha dicho.

Y esta es la razón por la que a menudo ve subrayado, negrita y cursiva en medio de un argumento de venta. Por supuesto, esto también se hace para enfatizar, pero principalmente la razón es que permite a las personas buscar rápidamente piezas clave de información.

Del mismo modo, debería pensar en los lectores cuando escriba sus encabezados. El objetivo es escribir encabezados que sean tan detallados que puedan explicar por sí solos los puntos clave de su texto.

Un encabezado podría ser:

Sí, ¡es correcto! Esto realmente es una herramienta GRATUITA y fácil para organizar sus contactos. ¡Descárguelo ahora mismo!

Más abajo, es posible que vea:

Al permitirle ver cómo se conectan sus contactos a través de las redes sociales, esta herramienta de gestión le brinda una PERSPECTIVA SIN PRECEDENTES. Eso significa ROI, ROI, ROI para su negocio.

Debajo de esos encabezados, puede explicar todo con mucho más detalle, pero de esta forma alguien podrá echar un vistazo a todo el texto y saber si lo que está ofreciendo es algo que podría interesarle.

Aprovechar la curiosidad

Otra cosa que puede hacer en redacción para asegurarse de que tiene la atención de sus lectores es aprovechar su curiosidad. En otras palabras, convierta su contenido en un misterio o en un acertijo para que se sientan obligados a averiguar más.

El lugar donde más lo encuentra es en las redes sociales en forma de 'clickbait' (señuelo). Estos son artículos que han recibido títulos que están diseñados al 100% para tratar de despertar la curiosidad del lector y conseguir que haga clic (a pesar de la calidad del artículo real).

Un ejemplo de título de clickbait podría ser:

"Esta mujer de aspecto normal y su hijo se sentaron junto a un hombre y su perro en el autobús. ¡Lo que sucedió después le sorprenderá!

Otro ejemplo es:

"10 trucos extraños probados pero sorprendentes para ayudarle a desarrollar más músculo. ¡El número 7 ha cambiado mi vida!"

En el primer ejemplo, mucha gente se preguntará qué podría pasar en esta situación de aspecto normal que podría ser tan impactante. En el segundo ejemplo, los lectores se preguntarán qué tiene de especial el número 7 y por qué estos son "trucos extraños".

No estamos diciendo de ninguna manera que deba usar los títulos de clickbait. Esto es esencialmente spam y la web se está volviendo gradualmente insensible a este tipo de cosas.

Sin embargo, es útil tener en cuenta que la curiosidad puede desempeñar un papel importante para llamar la atención y puede trabajar esto en su contenido de otras maneras.

Un buen método es tomar alguna información útil al comienzo de su texto y cumplir esa promesa más adelante.

LLEGAR AL PUNTO RÁPIDAMENTE PARA B2B

Por supuesto, no todos estos métodos serán útiles en todos los contextos. Si dirige una organización B2B seria que ofrece servicios específicos, entonces puede encontrar que estas estrategias son un poco demasiado desesperadas y un poco demasiado tibias.

Las grandes organizaciones preferirán un enfoque de ventas mucho más moderado y un giro de frase mucho menos familiar.

Recuerde: *debe hacer coincidir el tono y el estilo de su texto con el estilo de su audiencia y nicho.*

Los ejemplos que abordamos con anterioridad están destinados principalmente a vender directamente a clientes que buscan una manera de ganar más dinero o de mejorar su aspecto físico, por ejemplo.

Pero si el suyo, es un negocio más tradicional, entonces, ¿qué hacer para llamar la atención rápidamente y mantener a la gente en su página?

La respuesta es simple: *ir directo al grano*.

De hecho, puede intentar usar una estructura que es popular entre las empresas para redacción y ventas persuasivas. Se llama **AIDA**.

AIDA significa:

Awareness / Conocimiento

Interest / Interés

Desire / Deseo

Action / Acción

En otras palabras, asumirá que su público no sabe quién es usted o qué está vendiendo y, por lo tanto, su primer objetivo es explicarlo. Solo entonces les hace interesarse al explicarlo con más profundidad, para luego intentar que deseen lo que sea que esté ofreciendo.

EJEMPLO

Pongamos un ejemplo sobre un profesional que hace un tiempo trabajó para una compañía de electrónica. Esencialmente, la empresa se dedicaba a la venta de software para máquinas y dispositivos de chips y clavijas a otras empresas.

El objetivo para el que contrataron a este profesional era para ayudarlos a mejorar sus conversiones en su sitio web y para obtener una mayor exposición y clientes potenciales. Era un caso muy sencillo que rápidamente supo solucionar.

Problemas

Entre los problemas que detectó de inmediato estaba que cuando llegaba a la página, el cliente o futuro cliente era recibido con un blog desactualizado hablando sobre una promoción de varios meses atrás. Esto estaba justo en la parte inferior de la página.

En la parte superior había un gran control deslizante que mostraba un letrero que decía "Éxito" y una imagen de un hombre que mira desde un edificio alto.

Había pestañas en la parte superior, pero el único contenido decía algo sobre 'ayudar a las empresas a cumplir sus promesas con una mejor conectividad e integración de teléfonos inteligentes'.

Imagine que es un profesional de pequeño negocio que aterriza en esta página por primera vez. ¿Estaría embelesado? ¿Querría seguir leyendo para saber más? ¿O estaría agotado de inmediato por los clichés y confundido en cuanto a lo que se ofrece?

Solución

Ahora imagine una opción alternativa donde el blog está oculto, los controles deslizantes son imágenes relevantes y el texto dice: [NOMBRE EMPRESA] proporciona soluciones para pequeñas empresas. Diseñamos software de vanguardia para su sistema de caja registradora para que pueda atender a sus clientes de manera más eficiente y aumentar su facturación. La integración de aplicaciones móviles y comercio electrónico puede ayudarlo a modernizar su restaurante, hotel o tienda e impresionar a su clientela. Haga clic aquí para leer más ...

Con estos cambios el profesional contratado logró una gran mejora. Ahora los visitantes saben de inmediato qué se está vendiendo, a quién se dirige y por qué deberían interesarse. Si el visitante tiene un sistema de caja y está en el mercado para mejorarlo, ¡sabe que debe hacer clic para leer más!

LA PROPUESTA DE VALOR

Hasta ahora hemos captado efectivamente la atención de nuestros lectores y les hemos interesado. Lo que sigue es comenzar a construir ese deseo y hacer que realmente quieran lo que tenemos para ofrecer.

Y aquí es donde el concepto de "propuesta de valor" se vuelve muy importante.

Empecemos con lo primordial, ¿qué significa esta frase? Básicamente, las proposiciones de valor describen el valor inherente que proviene de un producto o servicio específico. Es lo que hace que su producto sea más que la suma de sus partes, por lo que el valor es mayor que la cantidad que gastó para fabricarlo. Un buen dicho viejo que describe bien este concepto es: "No se venden sombreros, se venden cabezas calientes".

En otras palabras, no solo está vendiendo un pedazo de lana. Está pidiendo dinero a cambio de una promesa; de que ayudará a mantener al cliente caliente cuando esté fuera viendo los fuegos artificiales o cuando viaje a casa bajo la lluvia.

Del mismo modo, si ha escrito un libro electrónico de ejercicios físicos, entonces el 'valor' no tiene nada que ver con el número de palabras o las bellas imágenes. En este caso, el valor proviene de lo que ese libro puede hacer por el lector. Está ofreciendo al lector más confianza, más fuerza, más salud, mejor forma y mayor atractivo para el sexo opuesto. Ahora está vendiendo un sueño.

Entonces, ¿cómo podría lanzar esto? Generalmente, comienza describiendo el sueño y el valor y haciendo que el lector realmente lo visualice y lo quiera.

Imagine lo que sería sentir nada más que confianza cuando se quite la parte superior. Imagínese caminando por la playa y sabiendo que la gente está volviendo la cabeza porque sus abdominales parecen algo de una portada de revista... E imagine poder despertar a primera hora de la mañana sintiéndose enérgico y listo para comenzar el día...

Lo que está haciendo ahora es vender el "sueño" que ofrece su producto y esta es una gran manera de asegurarse de que sus lectores comiencen a entusiasmarse con él y que realmente tengan ganas de hacer clic en ese botón de compra.

Más formas de crear deseo

Otra forma en que puede crear deseo por su producto es alentar a sus lectores a imaginar cómo sería poseerlo físicamente. Puede observar esto si alguna vez observa a un representante de Apple o de Microsoft hablando de un nuevo programa: tenderán a hablar a menudo sobre la forma en que se siente el producto y usar palabras como "táctil" y "Premium".

Estas cosas le hacen imaginar la celebración del producto, lo que a su vez hace que lo quiera más.

Otra manera ingeniosa de hacer que la gente quiera aún más su producto es usar la influencia social. En otras palabras, las personas quieren lo que todos los demás tienen y si pueden ver que mucha gente usa su producto, eso los hará quererlo más.

Esto es algo que usan muchos vendedores de puerta a puerta. A menudo hacen referencia a uno que acaba de obtener su nueva banda ancha (de una determinada compañía, la suya, por ejemplo) y que está disfrutando de las velocidades más rápidas en el área.

Intente crear una sensación de agitación y emoción alrededor de su producto para que parezca 'en demanda'.

MANEJO DE OBJECIONES

Manejar objeciones es una habilidad integral para la buena redacción de ventas.

Cada vez que una persona lee un texto de venta, muchas preguntas aparecen en su mente en un intento de "protegerlo" de "perder su dinero". Este es un comportamiento natural y si usted sabe cómo manejar estas objeciones de manera efectiva en su texto a medida que surgen, obtendrá grandes recompensas.

Aquí hay un par de técnicas comúnmente usadas para manejar objeciones:

Testimonios

La prueba social es algo que casi todos buscan cuando desean comprar un producto. Cuanto más convincente y auténtico parezca el testimonio, más creerán que el producto es bueno. Trate de incluir testimonios con instantáneas del comprador o use testimonios en video, es aún mejor.

Preguntas frecuentes

Tener una sección de preguntas frecuentes ayuda en gran medida a superar las objeciones que aparecen. Aquí puede abordar todos los conceptos erróneos comunes que pueden surgir, como, por ejemplo, cómo usar el producto, para quién es adecuado el producto y las preocupaciones sobre el precio.

Post script (P.S)

Las secuencias de comandos P.S o Post se han utilizado ampliamente en las hojas de ventas para impulsar las conversiones. Antes de hacer clic en el botón "Agregar al carrito", las personas generalmente tendrán una línea de defensa final que les impide realizar la compra. Si tiene un par de scripts de publicación listos, puede darles el empujón final para realizar la compra.

Buenas razones para comprar

Esta sección les brinda a sus lectores un par de buenas razones para ayudarlos a racionalizar su compra y aumentar sus ganancias.

¡Incorpore estas excelentes herramientas para manejar objeciones en su texto de marketing y pronto verá un aumento en sus ventas!

ERRORES DE REDACCIÓN A EVITAR

Todos cometemos errores en la carrera de marketing. Esta sección tiene como objetivo ayudarlo a pasar por alto toda la "fase experimental" y evitar los mayores errores que se comenten en la redacción.

ERRORES

Vender antes de demostrar el valor por primera vez: antes de enviar ofertas a sus suscriptores, siempre debe darles toneladas de valor libre y establecer una relación genuina con ellos.

Alineación de texto incorrecta: como regla general, las palabras siempre deben estar alineadas a la izquierda, con sangría dentro ligeramente y no tener una línea de palabra demasiado larga. Esto es para evitar una interrupción en la continuidad del flujo de lectura de su visitante. (de izquierda a derecha)

Además, las imágenes deben usarse con moderación, solo si son directamente relevantes para su texto de ventas y deben alinearse con el centro.

Sonar demasiado formal: afrontémoslo, si su tono suena demasiado formal, parecerá un robot de ventas. Haga el favor de incluir algún factor humano y hable con tono casual. A nadie le gusta ser difícil de vender, así que, si puede conectarse con sus lectores en un tono más informal para que puedan identificarse con usted, será más probable que haga esa venta.

Como ya mencionamos el tono dependerá de su segmento, pero sea cual sea, quédese en él.

Perder el tiempo del lector: básicamente, para escribir un buen artículo, solo debe agregar cosas que contribuyen a la venta y eliminar las que no. La atención de su lector es muy valiosa, de modo que, si consigue llamar su atención, haga que cuente. No los aburra con cosas inútiles.

En resumen, si evita estos errores y practica diligentemente los métodos de redacción, obtendrá mejores resultados en poco tiempo y obtendrá más ventas.

CÓMO EVITAR TIPOS Y ERRORES PARA SIEMPRE

A medida que ha estado leyendo este libro electrónico, hay muchas posibilidades de que pudiera haberse encontrado con un par de errores. Esto es completamente normal y aceptable.

Lamentablemente, viene con el área cuando se trata de grandes cantidades de contenido. Incluso los libros de ficción más vendidos pueden venir con algunos errores tipográficos en ellos.

Así que no se preocupe si hay uno o dos deletreos incorrectos o ejemplos pobres de gramática o enloquecerá. No digamos que no deban evitarse estos errores, solo que no debe llegar al punto de obsesionarse con ello.

Lo que necesita asegurarse es que reduzca estos errores tanto como sea posible en el tiempo que tenga y que se asegure de que su gramática sea correcta tanto como sea posible.

Porque si piensa en los errores tipográficos y los errores que podría haber encontrado en la ficción, quizás recuerde que realmente puede sacarle por completo de la historia y hacer que se dé cuenta de que está leyendo un libro. Es como si estuviera en trance y tan pronto como encuentra ese error, rompe por completo la ilusión.

Esto es exactamente lo que queremos evitar cuando estamos escribiendo un argumento de venta o agregando una descripción a un sitio web.

Necesitamos hacer que el lector se sienta extasiado durante todo el proceso si los vamos a convencer de nuestro punto de vista.

Entonces, ¿cómo hacemos para eliminar los errores tanto como sea posible?

Una cuestión de gramática

Lo primero que debe hacer es investigar exhaustivamente las reglas de gramática y asegurarse de estar tan familiarizado con ellas como sea posible. Aprenda dónde y cuándo usar comas, aprenda a usar corchetes y aprenda a usar apóstrofes. Si bien es posible que piense que entiende cómo usar esta puntuación, si nunca ha recibido ninguna instrucción formal es posible que se esté equivocando. Hay muchos pequeños errores comunes que aparecen incluso en un contenido de alta calidad.

El 99% de las personas pueden no notar la diferencia. Pero son los clientes más grandes los que encontrarán estos errores gramaticales discordantes y pueden terminar costándole mucho dinero.

Sin respuesta correcta

¿Pero qué pasa con los casos donde no hay una respuesta correcta?

¿O qué pasa con los casos en los que está apelando a audiencias en diferentes partes del mundo?

Por ejemplo, ¿debería tratar el nombre de una empresa como un plural o un singular? Si en realidad no hay una forma correcta o incorrecta de tratar un problema debe usar su propio juicio.

Otro ejemplo es el uso de comas. Un ejemplo sería:

"Amo a mis padres, Marcos y Ana".

En esta situación, puede leer esto de una de dos maneras. O amas tanto a tus padres como a

Marcos y Ana; ¡o amas a tus padres ... que son Marcos y Ana!

Nuevamente, esto es a su elección. Entonces, ¿cómo decidir?

Básicamente, la decisión debe reducirse a una cosa simple:

¿Qué opción cumple mejor el propósito de su contenido y proporciona la mejor claridad?

No se preocupe por lo que está "bien" o "mal". Enfóquese en cambio en el resultado final: comunicarse claramente con su lector.

Sin embargo, una regla más a seguir es esta: siempre ser constante. Si redacta un sitio web o blog, asegúrese de establecer sus propias "directrices editoriales" y compártalas con sus colaboradores también.

Si sigue cambiando de un estilo a otro, puede confundir a los lectores y parecerá que cometió un error. Si se mantiene constante, parecerá que tomó una decisión sobre cómo debe aparecer su contenido y se apega a él. ¡Esto último es claramente preferible!

Cómo eliminar los errores tontos

Ahora que sabe cómo escribir de una manera que esté libre de errores gramaticales en la medida de lo posible, todo lo que queda es intentar eliminar los errores que no advierta. Como mencionamos, no es posible detectar cada error, pero es una buena idea tratar de eliminar el mayor número posible.

La primera y más obvia sugerencia es utilizar las opciones de verificación ortográfica y de verificación ortográfica de su editor de texto. Esté atento a los subrayados y haga clic en el botón derecho en las palabras para obtener sugerencias.

Otro consejo es leer su contenido en voz alta. Esto hace que sea mucho más fácil darse cuenta de dónde hay errores y también ayudará a mejorar el flujo y el ritmo de su escritura. Recuerde, nuestro objetivo es escribir como conversamos y leer en voz alta nos asegura que estamos alcanzando este objetivo.

Finalmente, haga que alguien más revise su trabajo. Examinar su propio trabajo nunca va a ser tan efectivo porque está 'demasiado cerca' del proyecto. Si debe corregir su propia escritura, trate de tomar un descanso de la misma y vuelva a ella más tarde con ojos nuevos.

CORREGIR EL TEXTO PARA LA OPTIMIZACIÓN EN LOS MOTORES DE BÚSQUEDA (SEO)

La mayor parte del tráfico en línea proviene principalmente de los motores de búsqueda y los de los principales tipos de cosas que influyen en su posicionamiento en los motores de búsqueda son las palabras clave y los enlaces a su sitio.

Sus enlaces entrantes muestran cuán significativo es su reconocimiento, mientras que sus palabras clave les permiten a los motores de búsqueda saber qué hacer. Cómo estos dos elementos se combinan establece su importancia en los motores de búsqueda.

Puede obtener información sobre la forma en que puede agregar sus metaetiquetas HTML a algunas frases clave. Estas etiquetas sirven como señales de tráfico que son la forma en que son vistas por los motores de búsqueda; verificando sus etiquetas, luego verificando su texto de ventas.

El resultado de esto es que, si sus palabras clave en las etiquetas y el texto de ventas no están alineadas, entonces su sitio no se catalogará con respecto a esas palabras clave. Los motores de búsqueda también revelan la frecuencia con que se pone en juego una expresión diferente de las palabras clave en su página.

En pocas palabras, se hará visible en los resultados del motor de búsqueda cuando un cliente potencial busque utilizando esas palabras clave solo si le da más notoriedad a su sitio con sus palabras clave principales.

Es posible que no comprometa la legibilidad y todavía escribir un texto con palabras clave enriquecido. El grado de legibilidad de su sitio es muy importante para sus visitantes. Es el lector el que se convertirá en su cliente comprando su servicio o producto eventualmente, no los motores de búsqueda.

Podrá asegurarse de que su texto de ventas concuerde con los motores de búsqueda y los visitantes siguiendo estas pautas:

Categorización de páginas: antes de escribir, tenga un plan estructurado del sitio web y trate de tener su artículo en el orden de esos beneficios clave si no ha creado el sitio web. Por ejemplo, segmente sus categorías: "Computadoras" en diferentes páginas para "PC y Mac", luego divida más en Computadoras de escritorio, Computadoras portátiles, etc.

Con esto, tendrá la oportunidad de integrar frases de palabras clave precisas en el texto, por este medio y cubriendo un mercado específico. Cierre cada página junto con etiquetarla con su punto principal o beneficio.

Estudie a sus clientes con las palabras clave que están buscando: ingrese las ofertas clave, los beneficios y los puntos reconocidos para cada página, junto con la búsqueda de algunas palabras que sus clientes normalmente utilizan cada vez que buscan en los motores de búsqueda. Puede suscribirse a www.wordtracker.com para obtener actualizaciones diariamente y comprender la explicación del resultado de WordTracker.

Evite usar palabras sueltas, use frases en su lugar: la razón principal es que las palabras sueltas tienen una oposición excesiva. No es aconsejable elegir la palabra "computadoras" si usted es vendedor de computadoras. Puede confirmar esto en Google escribiendo la palabra "computadora" para que comprenda el motivo. Otra razón para evitar el uso de palabras sueltas es que la investigación ha revelado que las computadoras se vuelven más específicas en su búsqueda para permitir que sean más rápidas al dar respuestas a lo que está buscando.

Es necesario preguntar qué es distintivo con referencia a su empresa. Digamos que pone a la venta computadoras usadas baratas, probablemente pueda usar "computadoras baratas de segunda mano" como la expresión principal de sus palabras clave. Con esto, existe la posibilidad de ser clasificado y mostrado en algunas otras búsquedas. Esto significa que una mayor parte de los visitantes de su sitio web serán principalmente aquellos que busquen computadoras usadas. El resultado de WordTrackers ayudará a decidir la oración más adecuada.

Seleccione solo las frases de palabras clave convincentes. Por ejemplo, puede usar algo como "Macs baratos de segunda mano" para la página Macs y "PCs de segunda mano baratos" para páginas de PC. Mantenga el foco en frases clave específicas en cada página y evite incluir frases de palabras clave en cada página.

Trate de ser específico: Compruebe que puede escapar utilizando "nuestros PC usados de bajo costo" o "nuestros Macs usados de bajo costo" cada vez que use "Nuestras computadoras". Evite usar "nuestras computadoras". El equilibrio es necesario, pero si no tiene un efecto negativo en su legibilidad.

Como usted sabe, su sitio revela su superioridad y no será bueno si su sitio web es difícil de comprender, ya que las personas no podrán inferirlo.

Al usar enlaces, incluya frases de palabras clave: va a ser una idea brillante cuando conecta sus páginas colectivamente usando enlaces de texto. No se centre en tener frases de palabras clave en cada página. Con esto, los motores de búsqueda ven su sitio y páginas relacionadas. Es aconsejable tener asociaciones de texto adicionales si la frase de palabras clave es un texto de enlace. Un ejemplo será incluir "barato" debajo del enlace de texto cuando tenga la frase "Macs o PC de bajo costo".

Incluya frases de palabras clave en sus encabezados: los titulares desempeñan un papel muy importante en la forma en que los motores de búsqueda colocarán su sitio, al igual que la forma en que sus clientes revisarán sus encabezados.

Los motores de búsqueda y los clientes ven sus encabezados de la misma manera, así que intente incluir sus principales frases clave en sus titulares. Puede incluir encabezados adicionales para ayudar a la legibilidad de su sitio, ya que ayudará a sus clientes a leer.

Analice la densidad de frase de palabras clave: ejecute su texto de principio a fin analizando la densidad con un comprobador de densidad para conocer el pase inicial de su texto.

El resultado mostrará un porcentaje de todas las partes importantes de la página para incluir copia, meta descripción, título, palabras clave meta, etc. Una mayor densidad es mejor. En general, es bueno si tiene al menos 3-5% como resultado. Es posible que deba ejecutar otro pase si tiene algo menor que eso.

Recuerde siempre no exagerar, siga las pautas y obtendrá un texto útil de ventas de SEO. Sin la ayuda de un experto, no es fácil equilibrar el texto escrito para los clientes y el escrito para los motores de búsqueda, ya que podría ser un poco complicado.

Debería poder conseguir un redactor de SEO experto para trabajar en sus frases de palabras clave principales sin un gran costo adicional si ya ha realizado el análisis de palabras clave. Asegúrese de utilizar las pautas.

¿Qué es la redacción SEO?

La redacción de SEO es más que solo motores de búsqueda. Es la forma en que la mayoría de las conversaciones, artículos y publicaciones se centran en temas tales como límites permisibles, densidad de palabras clave, sobre-optimización, etc. La redacción de textos publicitarios es parte de la redacción de SEO.

Lo primero a tener en cuenta es la audiencia objetivo (posibles clientes/visitantes) ya que el texto promocional que está escribiendo es para que su lector realice una acción esperada. Su texto de ventas se clasificará con los elementos diseñados, que es lo último.

La razón principal por la que considera a su visitante humano primero cuando escribe un texto de ventas de SEO es que no servirá de nada si el texto de su sitio no logra convertir a sus visitantes en compradores con todo el tráfico que generará en el mundo.

Debido a estas repetidas charlas sin sentido, la redacción de SEO no está obteniendo un buen nombre, lo que es malo para los vendedores.

Por lo tanto, para mantener un buen nombre y reputación con los motores de búsqueda al redactar antes de que sea demasiado tarde, he aquí algunas pautas para recordar que SEO es único y útil.

Pero recuerde también que SEO no está escrito exclusivamente para los motores de búsqueda, rígido (demasiado repetitivo o forzado) y duplicado (alterado o ajustado para crear páginas nuevas simplemente cambiando las frases clave).

Algunos consejos de Redacción de SEO:

Deberá hacer lo siguiente al escribir su texto SEO:

Decidir cómo transmitir mejor ese mensaje a su audiencia o clientes objetivo.
Entender quién es su público objetivo (a quién le está escribiendo).
Elaborar un plan que muestre el mensaje que desea transmitir.
Seleccionar cuál será el foco de la página.
Seleccionar qué frases clave incorporará en el texto.
Introduzca las frases clave mientras escribe para que puedan ejecutarse naturalmente con el

mensaje que necesita, no después de que haya terminado de escribir.

Asegurarse de que esas frases clave funcionen bien con el texto planificado y la página.

Evite lo siguiente al escribir un texto de SEO:

Insertar una página simplemente para llamar el motor de búsqueda.

Construir un plan basado únicamente en cómo tener un alto rango.

Reemplazar "cada" instancia de un término genérico (automóvil) con una frase clave (rojo, automóvil convertible).

Introducir frases clave en cualquier lugar posible (No, sonará completamente ridículo, pero no lo prohibirá).

Depender de las proporciones y fórmulas de densidad de palabras clave inútiles.

Recuerde, SEO es un proceso de escritura de texto exclusivamente para visitantes y no para los motores de búsqueda, al tiempo que incluye elementos para ayudar a sus visitantes y a los motores de búsqueda a comprender de qué se trata la página.

LOS BUENOS ESCRITORES NO INFRINGEN LOS DERECHOS DE AUTOR

Si no está familiarizado con los Derechos de Autor es hora de que lo haga. Se habla mucho sobre los derechos de autor, pero desafortunadamente todavía existen grandes problemas con la infracción de los mismos. Los buenos escritores no roban el trabajo de otras personas y no toman prestadas partes de él.

Muchos escritores no están familiarizados con la definición de "copyright" y las leyes que están asociados a ella, así que comencemos por esto. Los derechos de autor otorgan a los artistas y a los autores los derechos legales sobre el trabajo que crean. Por ejemplo, supongamos que escribe un artículo sobre "Cómo ser un buen escritor". El contenido de ese artículo está protegido por derechos de autor y nadie más tiene derecho a usarlo de ninguna forma sin su permiso.

El derecho de autor se aplica a la música, fotografías, software, danza, arquitectura, escritos, etc. Siempre que se grabe en algún tipo de soporte físico (disco, cinta, película, papel, etc.) está protegido por la ley de derechos de autor. Si vive en Canadá, EE.UU., Reino Unido, Australia o en cualquier otro país con leyes de derechos de autor para proteger los materiales originales, su escritura estará protegida desde los primeros días. Por supuesto, la responsabilidad siempre recae en usted para probar que escribió algo y que el derecho de autor en realidad le pertenece.

En este caso, nos centraremos en los derechos de autor en lo que respecta a Internet. Cuando escribe algo y lo publica en línea, está protegido por la ley de derechos de autor. Un malentendido común es que debe registrar su texto en la Oficina de Derechos de Autor de los EE. UU. para tener protección de derechos de autor. Esto no es verdad. Ni siquiera tiene que marcar su trabajo con la información de copyright, pero se recomienda que lo haga para mantener las cosas claras. Simplemente agregue el Copyright (c) [Nombre] [Año] y su material estará protegido por derechos de autor.

No obstante, las leyes están en constante evolución y cambio, así que le recomendamos que se acerque a la oficina de registro de la ciudad donde reside y se informe sobre el tema. En algunos países deben abonarse una serie de tasas para obtener los documentos que certifican que el texto le pertenece, así como la entrega de una copia del documento original. Informarse no le llevará mucho tiempo y puede ser su seguro ante cualquier problema o futura reclamación.

Del mismo modo que no quiere que nadie le robe lo que ha escrito, como escritor también debe asegurarse de no estar robando las obras de otro escritor. Al parecer, una práctica común en línea es simplemente tomar el trabajo de otro escritor y volver a redactarlo y, aunque no se vea como una violación del derecho de autor, los escritores profesionales no tienen necesidad de volver a retocar el trabajo de otra persona. Los escritores profesionales usarán otros materiales para investigar y aprender sobre lo que van a escribir y luego escribirán sus textos desde cero. Si quiere ser un buen escritor, asegúrese de no infringir los derechos de autor de los demás.

Documentarse, recoger la información o leer artículos de otros profesionales le pueden ayudar a tener los conocimientos suficientes para realizar un buen texto, pero eso no es lo mismo que tomar un texto y volver a escribirlo. Simplemente tomar prestadas palabras de otros profesionales no le granjeara una buena imagen profesional además de hacer que sus textos no resulten atractivos para el usuario final.

CONCLUSIÓN

La capacidad de vender de sus palabras y obtener grandes ganancias es un arte.

Afortunadamente, también es una habilidad que se puede aprender y perfeccionar.

Su trabajo como vendedor es practicar diligentemente estos métodos diariamente. Mientras más texto escriba, mejor lo hará y pronto podrá obtener textos de ventas de alta calidad con facilidad.

No se desanime si su anuncio de ventas no obtiene buenas tasas de conversión la primera vez. Continúe ajustando su texto y elimine las cosas que no funcionan y reemplácelas con cosas que sí funcionan. Las pruebas divididas son la clave para dominar el arte de la redacción publicitaria.

Como puede ver, el lenguaje y la escritura pueden ser increíblemente poderosos cuando se trata de crear una relación con su público, mantenerlos en su página, generar confianza y realizar ventas.

Esta es una curva de aprendizaje, sin embargo. No espere hacerlo bien el primer día, tan solo siga practicando y siga desarrollando esas habilidades.

Y, para resumir, una buena redacción para su sitio web debería ...

Tener un propósito claro y definido

Lograr ese objetivo de la manera más eficiente posible

Ajustar el estilo y el tono a la industria y los objetivos

Involucrar al lector

Ir rápidamente al grano

Vender la propuesta de valor

Crear una sensación de deseo

Generar confianza

Presionar para cerrar

Una vez que aprenda a hacer todas estas cosas repetidamente, descubrirá que puede vender casi cualquier producto o servicio. Eventualmente, todo encajará en su lugar y 'romperá el código'. Ahora tiene el poder de capturar los corazones y las mentes de Internet.

¡Aprovéchelo y suerte!